「愛されたい」を拒絶される子どもたち

虐待ケアへの挑戦

椎名篤子

集英社文庫

目次

はじめに

対人関係が難しい。自分を好きになれない。「家族」というものがわからない。非行に走ったことがある。子どもはほしくない。子どもを、夫を愛せない……。

私がこれまでに出会った「大人になった被虐待児」たちは、さまざまな言葉で、自分の「生きにくさ」を表現した。

一九九四年、子ども虐待をテーマとした私の著書が漫画化され、それをきっかけに「大人になった被虐待児」、被虐待者から手紙を受け取るようになった。作品が連載されたのは女性漫画誌で、手紙の主はその読者層を主とした、高校生から六〇代までの女性だった。

手紙には、記憶にある限り小さなときから父親に性的虐待を受けてきた、毎日のように殴られカッターで腕を切られたこともある、などの重い虐待の様子がつづられていた。想像を超えた現状を突きつけられ、手紙を寄せてくれた人たちに対して一九九五年に実施したアンケートでは、子ども虐待を受けたことにより自殺を思いつめたことがある人は、七四パーセントにもなった。

ある女性の例をあげてみよう。その人は、幼い頃から父親に暴力を受け、母親には助けてもらえなかった。高校生になると暴走族に入り、次々に男性を好きになった。この人だけは自分を愛してくれるはずと思うのだが、濃い人間関係ができそうになると、不信感が募って相手を試してしまう。関係が悪くなると捨てられたと感じ、自殺したいほど強烈な寂しさや喪失感が襲った。高校卒業後に就職したが、職場の人たちとはうまくいかなかった。縁あって結婚したが、いざ生活を始めてみるとひどく混乱した。家庭のモデルを持っておらず、夫とどう暮らしていいのかわからない。子どもを産む決心もつかず、誰かに支えてほしくてたまらない。

この「生きにくさ」は、虐待を受けた子ども時代に、脆弱《ぜいじゃく》な対人関係の基盤や自己不全感などを癒してくれる大人に出会えないまま、成長する間に別の形で苦しい体験を繰り返し、心の傷をさらに深めたために生じたものだと言えた。傷ついた子どもを放置することは、少子化や家族崩壊と深いところでつながっている。虐待を受けた子どもの早期発見と保護策を推し進めると同時に、早期に傷つきの状況を判定し、適切な治療的環境に置く必要がある。

本書ではこれらの視点から、まず大阪市の「聖母託児園」が行った、重い虐待を受けた乳幼児を一軒の家で育て直すグループホームでの試みを追った。次に児童精神科の入院病棟を持つ「三重県立小児《こども》心療センターあすなろ学園」で、重度の虐待から子どもが回復していく過程を描いた。

このふたつの話を読み進んでいただくことで、子どもが失ったもの、心の傷の回復の難しさ、大人が子どもにできることを考え、子どもへの早期ケアと必要な期間継続できる社会のシステムを作る必要性を訴えたい。

一方で、子ども虐待とひと口に言っても、親や養育者が一生懸命に子育てやしつけをしており、虐待とするのは不適切で別の表現方法を取るべきだと感じるケースも多い。そこで「宮城県子ども総合センター」での母子支援の取り組みと、兵庫県から全国に広がりつつある「コモンセンス・ペアレンティング」を報告することで、多様な子育て支援の選択肢が必要とされる時代であることを伝えたい。

本書は取材をもとに書いた物語で、その舞台となったこれらの機関は実在している。登場する大人たちの人物名は、実名か、一部仮名とし、敬称は略させていただいた。プライバシーを守るために、一部の登場人物と、子どもに深く関連する事項については書き換えてある。だが、伝えたい内容は変えないように配慮を重ねた。

二〇〇七年七月

椎名篤子

「愛されたい」を拒絶される子どもたち

虐待ケアへの挑戦

第一章　ペンギンハウス

――赤ちゃんの心を癒す一軒家

手引書のない仕事

古い二階建ての一軒家に、初夏の風が吹き込んでいた。玄関のドアは開け放たれ、半間ほどの土間には女性用のスニーカー、それに、手のひらに載るような小さな靴、ベビーバギーが置かれている。

児童相談所の車から降りた保育士の伊沢百合子《いざわゆりこ》は、抱いていた拓巳《たくみ》を下ろし、玄関の前に立たせた。一歳五ヵ月になっているが、まだ何歩も歩けない。百合子は拓巳の横に座り、転ばないように体を支えた。拓巳はこの日の朝、大阪市内にある総合病院の小児病棟から退院したばかりだった。

「着いたよ、たっくん」

拓巳は、事情を知らない人から見れば、とても愛らしい幼児だった。クリーム色のニットパンツとトレーナーで、幼児特有の柔らかな髪が、日ざしを浴びて金色に光って見える。半年前に緊急入院したときの、痩せ細った体は治っていた。だが、背中と尻についたやけどの痕はまだ消えていない。

拓巳は、家の中から聞こえてくる子どもの声に耳をそばだて、いぶかしそうにしていた。二重《ふたえ》の大きな目は、あたりの様子を探っている。

「さぁ、中に入ろう。きょうから、ここがたっくんのお家《うち》だよ」

百合子は、励ますように言った。

「ただいま！」

「あっ、お帰りなさーい！」

奥の居間から、保育士の吉田宏美《よしだひろみ》が顔をのぞかせる。胸には、生後一〇ヵ月の純《じゅん》を抱いている。

「だぁー」

一一ヵ月の春奈《はるな》は、居間と玄関を仕切る柵につかまり立ちをして、拓巳を迎えた。そばにいた保育士の山下美登里《やましたみどり》は、玄関に出て、拓巳の目線まで姿勢を低くした。

「拓巳くん、待っていたのよ。さぁ、上がってね」

この家の名前は「ペンギンハウス」という。この年、二〇〇三年四月から、子ども虐待を受けた赤ちゃん、純と春奈を育てる挑戦がこの家で始まっていた。きょうから拓巳が加わり、三人になる。百合子と宏美、美登里の三人の保育士は、この子どもたちを育てるために、大阪市内にある勤務先の乳児院「聖母託児園」から派遣されていた。「ペンギンハウス」は、その乳児院から少し離れた閑静な住宅街にあった。

日本では、虐待を受けた乳幼児だけを、これほどの少人数で、しかも一軒家で育て直す試みは、これまでなされたことがなかった。挑戦とも言えるこの仕事には、事前に用意された「手引書」はない。

百合子は二〇年近く「聖母託児園」に勤務してきたベテランの保育士だ。努力家で責任感が強いことを買われ「ペンギンハウス」のリーダーを任されていた。身長は一五五センチほどで、マッシュルームカットに丸顔、いつもTシャツにピンク色のエプロンをしている。両親は自営の仕事で忙しくしていたが、祖父母がいつもそばにいる環境で育っていた。短大で保育士の資格を取り、この乳児院に就職したが、書類の整理よりも子どものそばにいることをつい優先してしまう。勤務時間外や休日でも、心配事があると仕事場に顔を出していた。

宏美は百合子と同年代で、やはり保育士のキャリアが長かった。ひとりひとりの子どもと短時間で信頼関係を築き上げる不思議な力を持っており、よく考えて着実に仕事を積み重ねるタイプだ。長身で、ワンレングスの長い髪をうしろでひとつに縛っている。母親が専業主婦で、いつも家にいる環境で育った。

彼女が保育士を目指したのは、子どもが大好きで、保育所に勤めたかったからだ。だが、短大二年目の乳児院実習で、事情があって親から離れている子どもたちがいることを知った。わずか一〇日間だったが、宏美のエプロンを握り、いつも手をつなごうとした二歳になる女の子のそばを離れたくないと強く思った。そして、別れが悲しくて最後の日に泣いたことが、勤務先に乳児院を選ぶ理由となった。

美登里は保育士になってから日が浅かった。どちらかというとのんびり屋で、パーマっ気のない肩までのシャギーカットを揺らしながら、いつもリュックを背負って通勤してくる。小柄だが、中学、高校時代はテニスに熱中して県や地域の大会で優勝した経験があり、いずれは海外に出て子どもたちのために働きたいという夢を持っていた。この乳児院に就職するとき、面接で「子どもたちにも保護者にも好かれる、笑顔のすてきな保育士になりたいです！」とはきはきと言い、さわやかな印象をまわりの者に残していた。両親は共働きで姉と兄がおり、夕食には全員が揃《そろ》うような家庭で育っている。「ペンギンハウス」が少しでも家庭に近づくためにはどういう環境整備がいるのか、保育士の役割は何かを知りたいという思いを強く持っていた。

乳児院の保育士は、おもに満一歳にならない乳児と、必要に応じて小学校に入学する前までの幼児の生活を見ていく。だが、保育所の保育士以上に、つねに強い緊張を強いられる。中には、親から離れたことで病気がちになる子ども、事情のある家庭からやってきて成長に心配がある子どもがいて、命と育ちを守る仕事と言っていい。

乳児院には、入所させる乳児が一〇人以上なら、常駐か嘱託で小児科医がおり、診察室がある。乳児の人数に合わせて看護師もいる。栄養士か調理員の配置も義務づけられ、手厚く乳児や幼児のケアをしていく施設とされていて、保育士はその中核にいる。

その乳児院に、最近では、重い虐待を受け、生死ぎりぎりのところで生き延びた子どもたちが入所してくるようになったのだ。

赤ちゃんだというのに……

百合子が、拓巳が入院している総合病院の小児科を訪ねたのは、半年前の一二月だった。保護した児童相談所の職員がいっしょだった。

病室に、生後一一ヵ月になる男の子が横になっていた。

(なんという赤ちゃんなの……)

拓巳は、無表情なまま白い壁を見ていた。右手で小さな犬のぬいぐるみをつかんだまま、ほとんど動かない。

百合子は、柔和な表情を一瞬にしてくもらせた。これまでに、家族の事情を背負い込んだ子どもにはずいぶん会った。だが、こんな、何もかもあきらめきった様子は見たことがなかった。

「赤ちゃんだから、自分の身の上に起こったことがわからないということはないのです。あの子は、誰にも助けてもらうことができなかった時間を、脳裏に焼きつけているでしょう」

面会前の説明で、担当の小児科医はそう言った。

「拓巳くん、退院したら住むことになっているお家のお姉さんが、会いに来てくれたのよ」

百合子を病室に案内してくれた看護師が、拓巳を抱き上げる。伸びてくる手を見て、拓巳が一瞬身がまえたのを、百合子は見逃さなかった。

（この子を「ペンギンハウス」に受けいれようとしているのだ）

彼女は、拓巳との信頼関係を作る役割を担っていた。退院後、スムーズに移り住めるようにするためだ。

小児科医は、このようにも言った。

「発見されたときは、体重三五〇〇グラムでした。出生時は二九〇〇グラムですから、ほとんど増えていません。おおざっぱな言い方ですが、一般的には子どもの体重は一ヵ月で一キロほど増えます。お母さんは、粉ミルクを与えてはいました。まったく授乳しなかったわけではない。ですが、家に置いて出かけ、丸一日授乳しない日もあり、その日数は次第に増えていった。乳児には致命的な放置、ネグレクトを受けたと考えていいでしょう」

「あの、けがや骨折などは……」

百合子が聞くと、医師は肯《うなず》いた。

「殴られたような痕がありましたが、それは自然に治る程度でした。心配したのは、やけどです。お母さんは、子どもが動いてポットの湯を浴びてしまったと説明しています。だが、自分で倒すことはとうてい考えられません。やけどした部位も説明とは合わない」

ネグレクトとは、保護の怠慢、養育の拒否と訳される子ども虐待である。おむつを替えない、清潔な衣服を着させない、風呂に入れない、ミルクを与えない、子どもを放置して外出するなどがその行為に当たる。その痩せた背中と尻に、やけどの痕があった。うつ伏せに寝た状態で上から熱湯をかけたような形で、液だれのように下に向かって広がっていた。

拓巳が生まれたのは、この病院の産婦人科だった。記録によれば、拓巳の母親は二六歳。出産が差し迫って、救急車で搬送され入院している。夫が不在のときのことだ。予定より少し早い出産だったが、病院側からすれば、とくに問題を感じる患者ではなかった。妊娠がわかったときから定期的に受診しており、出産までの経緯は通常から逸脱していなかった。拓巳は少し小さめだったが、医学的には許容範囲で、母親といっしょに退院していた。

だが、事件を知らされた産婦人科医や助産師は、事例検証会議で、いくつかの兆候があったことに気づかされることになる。拓巳を出産した直後の母親は、産声をあげたわが子を見ても感動した様子を見せなかった。出産の状況にもよるが、生まれたばかりのわが子をすぐに胸に抱かせてほしいと申し出る母親もいる。感極まり、泣き出すことも多い。

しかし、拓巳の母親にはそういう様子は見られなかった。入院の知らせを聞いた夫はすぐに駆けつけたので、夫婦仲はよさそうに思われた。しかしその後はあまり見舞いに来なかったことを、担当の看護師が記憶していた。子どもの名前もなかなか決まらなかった。

退院後は、保健所の保健師が、生後二八日以内に実施する新生児訪問で母親に一度会っていた。このとき、拓巳の体重があまり増えていなかったので、授乳の仕方について話し合った。だが、拓巳が寝ている部屋は清潔であり、大きな問題が潜んでいる印象はなく、一度の訪問で関わりを終了している。

百合子は、同行してきた児童相談所の職員に思わず聞いた。

「お父さんがいたのに。どうして、あれほどまでになるのでしょうか！」

父親は、短期就労を繰り返していた。有名私立大学を卒業して衣料関係の商社に勤めたが、能力給の査定に納得いかず、辞めた。次は自分を充分に評価してくれるところに就職を、と意気込んでいたが、新しい仕事はなかなか見つからなかった。

まだ二七歳という若さだから、かならずいい仕事が見つかる。そう考え、つなぎのつもりで光学機器の製造工場に勤めるようになった。正規社員ではなく、大手メーカーが仕事を丸投げする請負会社が引き受けた仕事だった。昼食時間は四〇分、一日の労働時間は一〇時間を超えることがあり、首を切るもつなぐも雇用者次第。安全基準も、労働基準も適用にならない。帰宅は深夜で、朝は七時半には家を出た。

父親は、拓巳の成長が遅いようには感じていた。だが妻は〝拓巳は虚弱でミルクをあまり飲まないが、一年もすれば元気になる〟と医師に言われたと説明していた。初めての子どもであり、父親自身はひとりっ子で、小さな子どもを身近に見たことがなかった。また、心配はしていたが、仕事に追われ、家は寝るだけの場所になってしまっていた。

一二月、ぐったりしている拓巳に気づいたのは父親だった。救急車を呼んだのは深夜で、運び込まれたこの病院の小児科医が児童相談所に通報し、児童相談所は一時保護した。一時保護とは、子どもの命に危険がある状況に置かれていたり、著しく不適当な養育を受けていると判断されたときに、児童福祉法により、養育者の同意を得ずに強制的に子どもを保護できる児童相談所の権限だ。

児童相談所が勝手に子どもを連れていったと考えた父親は、そのやり方に怒り、妻が故意にミルクを与えなかったことなど信じるわけにはいかないと言い張った。だが、母親は違った。

「こんな子はいりません……。どうしても、かわいく思えないのです。努力したのですが、もう育てられません」

疲れ果てた声で、そう言ったのである。

拓巳の母親は、中堅の出版社に編集者として勤務していた。小さい頃から憧れていた仕事であり、彼女自身有能だった。出張が多く、深夜までこなしきれない仕事に忙殺される毎日だったが、生き甲斐《がい》を感じていた。拓巳は、子どもより仕事を選ぼうとしていた母親のおなかに宿った。会社は、妊娠を歓迎しなかった。母親は迷い抜いた末に、実家の父母を説き伏せ、幼稚園くらいまで育ててもらうつもりで出産を決めた。だが、突然の実父の入院でその計画は頓挫した。

さらに誤算が重なった。拓巳が生まれてくるまでに二四時間以上かかり、出産の苦痛は耐え難かった。ようやく生まれてきた拓巳は、思ったより小さく、泣いてばかりいて落胆もした。そのうえに母乳は充分に出ず、人工栄養に頼らなければならなくなったが、拓巳は粉ミルクをいやがり、なかなか飲んでくれなかった。

保健師に「体重があまり増えていない」と言われたときには、育てられない自分に罪があるように感じられた。やがて、なんのために子どもを産んで育てるのかわからなくなり、それから誰にも会いたくなくなった。そして、母親になったことを後悔した。

拓巳が児童相談所に保護されたあと、入院した病室に母親は姿を見せなかった。父親は二度ほど見舞いに来たが、その後は病院に行く時間がないと連絡を入れてきた。拓巳は、父親の仕事が破綻した時期に生まれ、母親の夢を奪った子ども。それが、大人の側のストーリーだった。

「拓巳くん、プレイルームに行ってみましょう、お姉さんといっしょにね」

看護師が拓巳に言いながら、百合子を誘った。

柔らかなカーペットを敷きつめたプレイルームには、大きな窓から、いっぱいの陽《ひ》が差し込んでいた。カラフルなおもちゃやかわいらしいデザインの家具が、子どもたちの気持ちを和らげようと並んでいる。淡いオレンジの色調は、外の厳しい寒さを忘れさせてくれるようだった。

だが拓巳は、おもちゃを並べた棚の前に下ろされると、百合子と看護師に背を向けた。

「ベビーベッドで、うつ伏せになって石のように動かなくなってしまうことがあるのです。泣かないし、笑わない。赤ちゃんだというのに……」

看護師は、声を詰まらせた。

「重い虐待」を背負った子どもたち

八月の終わり、カーテンのすき間から差し込む光を感じて、百合子は起き上がった。

八畳ほどの和室に敷いた布団で、三人の子どもが眠っている。彼女は、うつ伏せに寝ている純に、タオルケットをかけ直した。淡いピンクがかった顔が、なんともかわいらしかった。春奈は、伸ばし始めた髪がふわりと顔にかかっている。拓巳は、親指をおしゃぶり代わりに口に入れながら眠っている。

百合子は、四月からずっと子どもたちといっしょに生活をしていた。最初の申し合わせでは、三人の保育士が交替で勤務することになっていたが、子どもたちは不安定で、今できるいちばんいい方法を選んでいく大切な時期だった。彼女は、今はいっしょに暮らす大人が交替してはいけないと考えて、純と春奈がこの家に慣れるまで、拓巳が安定するまでと、泊まり込みを続けていた。

毎朝のことだが、百合子が起きると、それを察知した純がまず動きだす。となりの台所に向かった百合子を追うためだ。立ったり尻もちをつきながら悪戦苦闘するが、まだうまく歩けない。しばらくするとあきらめて、ハイハイで台所に向かう。

「あー、あー」

純が、台所と和室の仕切り戸につかまり立ちをして、声をあげる。

「おはよう。純くん」

百合子が返事をすると、純の声が喜びで高くなる。それから、抱いてくれと腕を差し出す。

「まんー、まー」

「チッチ出た？　おむつ替えようか、ねっ」

百合子は純を自分の胸に抱いて、髪を何度もなでる。紙おむつは、まだ日に七、八回取り替えなければならない。

春奈は、眠たがりですぐには起きられない。手足を伸ばし、しばらく体をゴロゴロさせ、ようやく布団から出る。伝い歩きが急速にうまくなっていた。

「春奈ちゃん、おはよう」

百合子は、そばにやってきた春奈も抱きしめる。

「たっくん、目がさめた?」

けだるそうに布団に起き上がった拓巳に、百合子は話しかけた。拓巳は一歳七ヵ月になり、自分の好きなところまで歩いて行けるほどに成長した。身長はもう少しで七五センチを超える。体重も一〇キロ近くになり「聖母託児園」の嘱託小児科医には、成長に心配はないと言われていた。

「汗かいたねえ、着替えようか」

最初のうちは、着替えさせるだけでも拓巳は怯《おび》えた。だが、ようやくこの家に慣れ、脱ぎ着を拒まなくなった。子どもたちの世話をしながら、百合子は、よくここまで育ってくれたと思わずにはいられない。

純は、生後半年で児童相談所に一時保護された。母親に首を絞められ、父親が仕事から帰宅して気づいて、あわてて近くの病院にかつぎ込んだのだが、もう少し遅ければどうなっていたかわからない。

両親は高校生のときから交際していて、卒業と同時に同棲《どうせい》生活を始めていた。母親の体調が変化して産婦人科医院に受診したときには、妊娠六ヵ月に入っていた。いっしょに出向いた母親の実母は、産婦人科医に「先生、娘はまだ一〇代で、子どもを産むには早すぎるのです。どうにかなりませんか」とたずねている。世間体を気にしているようだった。法的に純を葬ることができないと産婦人科医は説明し、乳児院に預けるか、特別養子縁組をする人もいる、と説明をした。

母親は子どもをほしくない様子だったが、父親は他人に預けるようなことはしたくないと言い、結局、正式に籍を入れて子どもを産むことになった経緯があった。父親は知り合いの中華料理店に就職して働くようになったが、仕事が深夜まであり、純と母親はふたりきりで過ごさなければならなかった。そして、純が児童相談所に一時保護される事件に発展した。

春奈は、多発性の骨折を不審に思った小児科医からの通報で一時保護された。やはり生後半年頃のことで、検査をしてみると、手指や腕、ろっ骨に骨折が見つかった。夜泣きを黙らせようとした父親の暴力によるもので、子どもを振り回したり、殴ったりしたと推定された。足の裏もライターで焼かれていた。

父親は有名な外資系の会社に勤務し、裕福だったが、自宅では妻にも暴力をふるっていた。母親は有名大学を卒業しており、よく知られている自動車会社に就職し、友人の紹介で夫と知り合った。結婚前は優しくて暴力の片鱗《へんりん》も見せない夫だったが、仕事から帰宅すると酒を飲み、暴言と暴力をふるうようになったという。春奈を守ろうとしたが、自分も殴られるので守りきれず、無力感に苛《さいな》まれていて、母親自身にも助けがいる状況だった。

純と春奈は、それぞれに治療を終えたあと「聖母託児園」で暮らすようになった。だが、純はちょっとしたことに驚愕《きようがく》し、激しく泣いて泣きやまなかった。春奈は、おなかが空《す》いてもおむつが濡れても、笑顔を作っていた。誰の目にも、ふたりには、安全で落ち着いた暮らしが必要だとわかるほどだった。嘱託小児科医と「聖母託児園」の看護師は、純と春奈の健康状態にとくに気を配り、保育士たちはより多く抱きしめ、声をかけ、暖かな日には散歩に連れ出し、そしてゆっくりと食事をさせた。

ふたりが「ペンギンハウス」の一員に選ばれたのは、非常に重い虐待を受けており、特定の大人と愛着をしっかりと結ぶ生活が必要だと判断されたためだった。

初めての笑顔、初めての絆《きずな》

拓巳にも同じことが言えた。拓巳は、なかなか言葉を話さなかった。この月齢なら、いろいろなものに興味津々になり、いくつかの言葉を覚えるはずだった。だが、うつ伏せになり、石のように動かなくなることは少なくなっても、泣いたり、笑ったり、はしゃいだりする感情は表に出てこなかった。大人が近づくと、無表情な顔に目だけが動いた。

一般的に子どもは、生後六〜八ヵ月になると人見知りをし、母親をあと追いするようになる。自分を守り、保護してくれる人を特別に思うようになることが、そうした行動をさせると言われる。

だが子ども虐待が起こっている家庭では、子どもは愛着行動を無視され、充分に養育を受けられない環境に置かれて、他者と愛着関係を結ぶ基盤や方法を持たないまま育ちがちだ。母親か、その代わりとなる人との愛着を結べなかった子どもは、誰にでも無差別に愛着を示したり、一方で特定の人と関係を作ることが苦手で、学校や職場で対人関係に悩むなど、非常に生きにくい人生を歩むことも多い。生きにくさは、思春期の葛藤や、生きるうえでのさまざまなトラブルと重なり、その子どもの人生を苦しいものにする。できるだけ年齢の低いうちに、少しでも早く愛着を結べる大人を作ることは、何よりも優先される関わりだった。

（本当の母親なら、子どもとの関係に休みはない。母親は交替しない）

百合子は、そう自分に言い聞かせて泊まり込みを続けてきた。拓巳の回復への不安は暮る一方だったが、健康状態はつねに非常勤の看護師が診てくれていて、任せることができた。宏美と美登里も、交替で洗濯や掃除を担当して、ふたりは、百合子の泊まり込みを支えていた。

だが、この日の朝、拓巳が変化を見せた。

「百合子さん、あれを見て！」

七時に出勤した宏美が、小さな声で話しかけた。

拓巳が、笑っていた。純がタオル地のぬいぐるみを振り回して声を立てて笑い、春奈が立ったり座ったりしながら何か話すのを拓巳が聞いている。

「ほんと！　少し落ち着いてくれたのかな」

百合子の声が震えた。そして、宝物を探しあてたかのように、拓巳を見つめた。

「そろそろ、交替で泊まることができるでしょうか？」

宏美が聞いた。この家を開設するとき、三人の保育士たちはひとつの約束をした。子どもの担当を作らず、みんなで育てる。そして、いつか自然に誰かを好きになり、心に住む大人ができるのを待つ。それが、大人を信じる基盤を作ってくれると考えていたからだ。

九月末まで様子を見た百合子は、子どもたちが落ち着いているのを確認し、帰宅する決心をした。

「たっくん、きょうは、ゆりちゃんはお家に帰るの。あしたの朝、また来るね。今晩は宏美ちゃんが泊まってくれるのよ」

夕食をすませると、百合子は拓巳に説明をした。聞いてはいるが、とくに反応もしないという様子だった。純と春奈にも同じように話しかけ、その様子を、宏美と美登里が見守っていた。それから百合子は、小さなバッグを持って玄関に向かった。

そのときだ。

「ウワーッ」

和室に座っていたはずの拓巳が、玄関まで追ってきた。

「えっ」

百合子は、はきかけた靴につまずきながら振り返った。

「ウワーッ」

拓巳が、精一杯の感情を、声と涙で爆発させていた。

「だいじょうぶ、だいじょうぶ。ゆりちゃんは行かないからね」

百合子はあやすように言った。純と春奈もいっしょに泣いて、百合子は、この日には帰ることはできなかった。

宏美に任せて帰宅できたのは、それから一〇日近く経《た》ってからだった。その晩、拓巳と百合子は膨らませたゴム風船で遊んでいた。まだ拓巳には、上に向かって風船を上げることはできない。百合子が代わりに天井に向けて上げながら、宏美や美登里と交替で「ペンギンハウス」に泊まることを説明した。

「ゆりちゃんは、きょうは家に帰っても、あしたまた来るのよ。それで、毎日、たっくんと会える。ゆりちゃんが泊まらない夜は、宏美ちゃんか美登里ちゃんがちゃんと泊まってくれるの」

拓巳は風船を受け取ると、小さな手で叩《たた》いた。風船が床に弾んだ。

「よくできたね！」

百合子がほめ、風船を手渡すと、拓巳は嬉《うれ》しそうに、また、ポンと叩いて床に飛ばした。

「うん、上手！」

ちらりと百合子の顔を見て、拓巳が笑った。春奈や純に子ども同士の笑顔を見せてから、少しずつ表情が豊かになっていた。

百合子の膝に体をくっつけた拓巳に、もう一度話しかけた。

「ゆりちゃんはこれで帰るけど、あしたの朝、また来るからね。来たら、風船、いっしょにやろうね！」

すると、拓巳がこくんとうなずいたのだ。その晩から、風船遊びをしたあと、拓巳は見送ってくれるようになった。風船が、ふたりを結ぶ約束の絆になったのだ。

子ども三人、保育士三人

「きゃー」

「ぶうー」

折りたたみ式のマットレスを高さ五〇センチほどの滑り台にして、のぼっては滑り、のぼっては滑り、純と春奈が歓声をあげている。拓巳も、マットレスの上で跳んだり寝転んだりしている。「ペンギンハウス」にやってきた頃は、おもちゃや遊びに興味を示さなかったが、少しずつ子どもらしい遊びができるようになっていた。

だが、いっしょに遊びながら、宏美は悩んでいた。

（困ったなあ、子どもは三人、腕は二本……）

「聖母託児園」にいたときには感じなかったプレッシャーが、彼女を襲っていた。

この家の担当になってからは、ひとりの子どもにひとりの保育士がどう関わるかの答えを求められた。一対一なら関係を作りやすい。だが、母親役は三人の交替勤務だ。昼間はふたりの保育士が家にいるが、ひとりは家事全般担当になるから、実質的にはひとりの保育士に三人を任される。

乳児院で働いていたときには、何人かの保育士が仕事を分担して、数人の赤ちゃんを見ていた。入浴は、洋服を脱がせる人、体を洗う人、体を拭いて洋服を着せる人に分かれ、数人を一度に風呂に入れた。だがこの家では、保育士は子どもといっしょにお風呂に入り、いっしょに寝ている。より母親に近い子育てをしているのだ。保育士ひとりの責任がとても大きかった。

「そろそろ、おやつにしようか？」

たとえば台所の座卓にお菓子を用意すると、純が素早く宏美の左膝に乗る。春奈はそれを見て右腕を占領し、拓巳もそばに座ろうとする。

（抱っこはふたりしかできない。保育士ひとりで三人の子どもとしっかりした関係を作るなんて、無理だ）

若い美登里もまた、どうしたらいいのかわからなくなっていた。拓巳は、保育士の序列を決めていて、いちばん下の美登里には乱暴にふるまうことが多かった。乳児院では八時間勤務だったが、この家に来てからは二四時間かそれ以上になることもある。職場と私生活の区切りもつけられず、ゆとりがなくなって、家でも子どものことが頭から離れない。

子どもの担当を作らず、みんなで育てる、という約束も揺らぎだした。宏美には、純をとてもかわいいと思う気持ちが生まれていた。春奈は美登里が好きだった。美登里が洗濯物をたたんでいると、そばに行って座り込む。

「いっしょにたたもうか」

美登里は春奈を抱き寄せて、話しかける。すると安心したように、洗濯物のそばで遊びだす。ふたりの間で愛情のキャッチボールが始まっていた。

拓巳は、いつも百合子のそばにいた。小児科から退院した日、拓巳は百合子といっしょに「聖母託児園」の応接室に行った。児童相談所の職員が乳児院入所の手続きをするためだった。そのとき、ソファーに座っていた拓巳が、ときどき体を横に背けるしぐさをした。母親の話題になったときだった。児童相談所は、その場で母親から預かった洋服やおもちゃを乳児院に引き渡したが、拓巳は見ようとも触ろうともしなかった。

「いろいろとあったことを覚えているのでしょう？　そうしないと自分を守れないのよね」

その様子を見ていた百合子が話しかけた。小児科病棟から付き添い、つらい気持ちを代弁し、泊まり込みを続けた百合子を、拓巳は慕っていた。

子ども三人と保育士三人。関係作りに教科書はないまま、「ペンギンハウス」という船は航海を続けていた。

心の嵐に揺れる家

「ペンギンハウス」が迎えた二回目の夏、子どもたちの様子が変わり始めた。純はキーッという金属音的な声を出し、夜なかなか眠らず、百合子たちを手こずらせるようになった。春奈は暴力的になった。拓巳は、所有欲がただならぬ強さになり、ぬいぐるみもおもちゃも何もかもが自分のものだと言い張って、がんとして引かない。三人はけんかし、泣きすぎて吐いてしまう激しさになった。拓巳は二歳六ヵ月、純一歳一一ヵ月、春奈は二歳になっていた。

保育日誌には、変貌の様子が記録されるようになった。

〈純くんが、「ばか、あっちに行け」とでもいうような態度をとるようになった。春奈ちゃんも、ひどく乱暴な言い方をする。返す言葉を丁寧にしていかなければ〉

〈春奈ちゃんが怒って、純くんの髪の毛を引っぱり、純くんが大泣きをする。しつこくつかみ合いをすることもある。保育士は連絡をよく取り合って、安定した対応をするようにしよう〉

そして、拓巳に過食が始まった。

〈おやつの時間、たっくんが春奈ちゃんのビスケットを取って食べてしまう。カップに入れた牛乳も飲んでしまう。朝ごはんも、夕ごはんも満腹になるまで食べないとがまんできない。おなかがパンパンになっても、目に見えるもの全部を食べたがり、止めると怒る〉

保育士たちは、毎日、話し合った。

「子どもにも満腹というものがあると思います。家では思うように食べられなかったのですから、充分に食べさせてあげれば、そのうちに満足するようにも思えるのですが」

美登里は、拓巳の食への切実な執着を満たしてあげたかった。

「でもね、たっくんには、満腹の限度が見えないのよ。いつもの二倍、いえ三倍は食べていると思う」

宏美は、食事の量を観察していた。

「あれだけの量がいったい体のどこに入るのって怖くなる。あればあるだけ食べてしまうのよ」

百合子は、わが子のことのように不安がった。

拓巳の過食については、嘱託の小児科医に相談し、お菓子は見えないところに置く、盛りつけに注意をして食べすぎないようにし、過食を制限される心理的な負担を減らす、などのアドバイスを受けながら進めることになった。

だが、三人の子どもたちのいらだちはおさまらず、「ペンギンハウス」は揺れ続けていた。

百合子は「聖母託児園」にいたときには抱いたことのない思いで、拓巳、春奈、純の変化を見ていた。

(三人が大きな施設で大勢の子どもたちといっしょに生活していたら、この心の嵐を出しただろうか)

乳児院では預かっている乳幼児の数が多く、保育士と子どもの関係はこの家ほどには深くなれないからだ。

「乳児院にいたときには、こんなこと、なかった」

「この子にはこう関わりなさい、という具体的なプランがほしい」

宏美がため息をつき、美登里が訴えた。

目の前の混乱にどう対処するか、まったく見えてこなかった。そして、悩みを助長するかのように、拓巳の行動範囲が広がった。健康になり、自分の足でどこにでも行けるようになったからだ。

「あっ、たっくん、危ないよ。それに触ると洋服に火がついちゃうの、やけどするからやめようね」

ベビーチェアを持っていって、ガスレンジをのぞこうとしている拓巳に、百合子があわてる。そばには電気ポットもある。拓巳にはまだ、行動の良し悪《よしあ》しや危険なことがよくわからない。一般の家庭でも事故が増える年齢にさしかかって、百合子はしつけに神経をすり減らした。

コトン、コトン。風呂場の音に気づいて走っていくと、拓巳が風呂の洗い場に立って、湯をのぞいているところだった。浴槽のふたがずれていた。

「危ない！　たっくん、ここで遊んじゃいけないのよ。けがをするし、おぼれちゃうのよ」

「ヤー、ヤー！」

「こっちに来なさい！」

「イヤー！」

百合子は、拓巳を抱き上げてとなりの脱衣所に連れてくると、両肩を揺さぶった。

「いい、たっくん。危ないことはしてはいけないの。絶対にだめなことがあるのよ！」

「ヤー！」

拓巳は、抵抗して泣く。

「どうしてわからないの！　わかるまで、そこにいなさい！」

彼女は、がまんしきれず、拓巳をそこに閉じこめてしまった。

その日から、さらに拓巳の抵抗は強くなった。テーブルの上を散らかし、食事中に立ってしまう。好き嫌いが多く、自己主張し、聞き分けない。百合子は、ついに、壁に突き当たった。

「自分の何が悪かったのか」

「育児ノイローゼになりそうです……」

百合子は「聖母託児園」の応接室で、深いため息をついた。施設長の中田浩《なかたひろし》が、百合子を見つめていた。「ペンギンハウス」の開設を提案したまさにその人だ。施設らしくない施設を作る。中田は、そう公言してはばからない硬骨漢として、児童養護の世界で知られていた。還暦を過ぎたが、思ったことをやり遂げる性格に変わりはなく、職員から信頼され、子どもたちを預けている養育者からも慕われている。

中田が二〇〇三年に「聖母託児園」のグループホームとして「ペンギンハウス」の開設に踏みきったのは、国や都道府県が、子ども虐待を受けた乳児に対しての治療的な施策を作ろうとしないからだった。日本では、最近になってようやく、子ども虐待が残す問題の大きさに焦点が当てられるようになった。生活の場を保障するだけでは子どもを癒し難いことがわかり、児童養護施設に心理治療のための職員を置く取り組みが進められている。だが、生まれてまもない赤ちゃんについては社会的な議論が深まらない。公的な取り組みが整うのを待っていられなかった。

彼は、乳児や二、三歳の幼児を一日も早く治療的な環境で育てなければいけないと、危機感を募らせていた。虐待が、いかに子どもの心を傷つけ、対人関係を作り発展させることを難しくし、円満な成長を妨げるものであるかは、それまでに長年勤務してきた児童養護施設「聖家族の家」の子どもたちを通して見せつけられてきた。

「人間の赤ちゃんはひとりでは生きられないから、自分を保護してくれる大人と絆を結んで生きようとする。大事な特定の大人は、一般的には母親ということになるけれどね。ぼくらが預かるお子さんには、そういう人に出会えないままになっている場合がけっこう多い。釈迦《しゃか》に説法で、今さら百合子さんにお話しすることでもないけど……」

中田は、黒縁の眼鏡の向こうで、包み込むように笑った。

「純くんは、首を絞められて瀕死《ひんし》の重傷だった。お父さんは気づかなかったそうだけど、純くんとお母さんの関係は、あまり順調じゃなかっただろうね。春奈ちゃんは、骨折したときの痛みや足の裏のやけど痕と同じくらい、心に傷がついていると言っていい。言葉が自由に使えない分、イライラを保育士にぶつけ、子ども同士でも叩いたり、泣いたりする。だけど、それを安定した愛情で受け止めてもらって、やり直したいと感じているはずだ」

「助けを必要としているからこそ葛藤が強くなるのですよね。大切な人と愛着を結ぼうとして、信じていいのかと迷っている。だからこそ、その場面でがんばって、あの子たちの揺れる思いを受け止めなきゃいけないのに」

百合子は本当の母親のように、子どもたちとの絆を育てたかった。

「しかし、子どもの気持ちに関係なく、勝手に世話をしたり放置したりすれば、子どもの側からは親密な関係を作れないんだ。拓巳くんへのしつけも同じようなものかな。支配せず、受容していくことだろうと思うけれど」

「ひとつ問題が起こると、自分の何が悪かったのだろうと思ってしまいます。どうしたらいいのか、わからなくなったり」

責任を背負い込み、押しつぶされそうな百合子が、そこにはいた。

「育児に苦しんでいるお母さんはよく、『私の何が悪かったのでしょうか』と言います。これ以上できないくらいにがんばっているのにね。本当の母親でも同じことですが、子どもたちの行動は、自分の子ども時代を思い出させるでしょう？　預かっているお子さんからのアピールを自分自身の子ども時代と重ねてしまうと、保育ではなくて自分の葛藤になってしまうこともあります。ぼくらは、つねにそうしたからくりに陥る危険にさらされていることも忘れないでください」

心の中を探っているかのように百合子は考え込み、それから言った。

「子どもたちは、大人が迷っている時間も成長しています。中田先生、現場での出来事をタイムリーに相談できる臨床心理士をお願いしたいのですが。すぐに相談できる人が身近にほしいのです」

「ぼくは、いきなり、ずいぶんと困難な仕事を百合子さんたちにお願いしているのだと実感しました。二年、三年と時間を経て、保育士さんたちにはやり方が見えてくると考えているけれど、百合子さんたちのメンタル面のサポートも含め、相談体制をもう少し充実させないといけないな」

教科書のない「ペンギンハウス」の運営に踏みきったことで、保育士たちが苦労していることを中田はわかっていた。だがどうしてもこのようなグループホームを、日本中に増やさなければならなかった。国の施策にない、予算をすべて賄わなければならないこの試みを、先陣を切って始めた信念を、貫かなければならなかった。

子どもの変化がわかる施設を

中田は若い頃、大阪のあいりん地区で、仕事や家のない大人たちへの支援活動をしていた。皆、一生懸命に生きようとしていた。ひとりひとりの人生はそれぞれ価値あるものであり、幸せに生きる権利があると彼は信じていた。

「百合子さんは、石井十次《いしいじゅうじ》を知っていますか？　ぼくは、彼のことを知りたくて、ずいぶんと調べたことがあるのです。明治二〇年代に児童養護施設を作り、お母さんと呼ぶ人を中心にしたグループホームをやった人です。そんな昔に、すごいでしょう？」

石井は一八八七年（明治二〇年）、岡山県に当時の名前で「岡山孤児院」という児童養護施設を作った人物で、コレラの流行と洪水で親や家を失った子どもや、濃尾《のうび》震災と呼ばれる地震で被災した子どもたちを施設に収容する社会的な活動をしたことで知られている。児童養護施設が経済的に安定することが難しかった時代に、子どもたちへの教育を重視し、大きな建物に大集団で暮らすという考え方を否定した。家族のような暮らし方ができる環境作りを実践しようと、一〇名から一五名、あるいは二〇名ほどの子どもをひと家族として、お母さんと呼ぶ女性を置いた。中田は大学生の頃、岡山県に何十回と通い、あちこち訪ね歩いて石井に関する資料をさがした。

児童養護施設「聖家族の家」の施設長になってほしいという打診を受け、中田が着任したのは一九七八年、彼が四〇歳のときだった。「聖母託児園」は同じ社会福祉法人が運営しており、互いの建物は隣接していた。

中田にとって児童養護施設は未知の世界であり、家庭から離れた子どもたちひとりひとりがどのように成長していくのか、深い関心を持っている場所でもあった。だが、園長となって見た児童養護施設の様子は、彼には受けいれ難いものだった。子どもたちの多くが、同じ服を着ていた。経済的に苦しく、安い服をまとめ買いしたせいだ。学習室には、床に固定された古い木机が並んでいた。味気ない光景だった。中田は、固定された机を捨てて子どもたちに個別の机を用意し、それぞれに違う服を着せた。

何より受けいれ難かったのは、一〇〇人を超える子どもたちが、規則に縛られながら、ひとつの大きな集団として暮らしていることだった。子どもは集団を構成する単位であり、自分ひとりだけを大事に見てもらうことはかなわなかった。また、子どももひとりを大事に見るには、職員数は圧倒的に少なかった。

一九七九年、中田は、施設の自己資金で児童養護施設「聖家族の家」でのグループホーム運営に踏みきった。施設の敷地外に家を置く分園型で、子どもを五、六人にし、生活の単位を小さくしたのである。母親役の保育士を決め、家庭に近い環境を作ることで、子どもに自分ひとりが大事にされる経験をさせたかった。

日本国内で実施例はあったがほんの数ヵ所で、手探りしながらの運営だった。手始めに一ヵ所開設し、一九九七年までには四ヵ所を増設した。三歳から一八歳までの縦割り式で、保育士とともに暮らす家庭だ。ひとつのグループホームには主担当の保育士ひとりに数人の応援職員を置いた。児童養護施設での生活単位を小規模化する国の施策が組まれたのは、開始から二一年後、二〇〇〇年のことで、この年からようやく補助金を受けられるようになった。

「児童養護施設のグループホームでも、最初は苦労があったのですか？」

百合子は、中田に聞いた。

「私でなく、職員に苦労をかけたのですがね。でもね、ぼくはグループホームをやってよかったと思ったのです。生活の単位を小さくしてみると、子どもたちの変化が手に取るように伝わってきたからです。それに、笑顔が増えたことが実感できました」

子どもたちはまず、自分の好きな食べ物を覚えてもらえることを喜んだ。それまでは、学校に皆同じ弁当を持っていくので、好物も何も関係なく、何を残して帰っても、誰も何も言わなかった。だが、数人の子どもを見る生活では、全部食べたらほめられ、残したものは嫌いな食べ物だと覚えてもらえる。

大きな集団では、給食費を納めなければならない話をそばにいる職員にしても、勤務時間を終えるといなくなって忘れられてしまうようなことが起こる。だがグループホームなら、自分ひとりの行動を見てくれる大人がいて、「行ってきます」と「ただいま」を同じ大人が受けてくれる。

中田は、自分を大事に考えてもらえた充実感が得られると、思春期にさしかかっても、荒れたり、問題行動を起こしたりすることが少なくなると感じた。ひとりひとりの子どもを特定の大人が大事に育てる暮らしがいかに大切なことか。彼は、あいりん地区で出会った大人たちが、孤独な子ども時代を引きずっていたことを忘れていなかった。

数年前に「聖母託児園」の施設長に就任した中田にとって、「ペンギンハウス」の開設は当然の流れだった。

「赤ちゃんが好きな人を見つけられるように、そして愛着を結べるようになってほしい。そう願うからこそ『ペンギンハウス』で乳児や幼児を育てたいのです。その仕事の意味は本当に大きいと思いませんか？」

中田はどうしても、ひとりの人間として、子どもたちを大切にしたかった。

「ぼくはね、『ペンギンハウス』で保育士が試行錯誤を続けることに意味がある、と思うのです。子どもたちは、百合子先生たちの強い思いをエネルギーに変換し、信頼できる大人を見つけ出そうとするのではないでしょうか。では、さっそく、日常のことを相談できるように、児童養護施設で働いてくれている臨床心理士に応援を頼みましょう」

　　この家の静けさと小ささが

それから約半年、二歳半を過ぎた春奈の顔が、急に大人びた。

「大きくなったねぇ」

「ほんと、お姉ちゃんになった」

百合子と宏美が、感慨深そうに寝顔に見入っていた。

ついさっきまで、純の額に貼った絆創膏《ばんそうこう》をめぐって、春奈がからかい、純がおどけていた。春奈は、自分のほっぺたに人差し指を当て、「私、かわいい？」とポーズするのが得意になり、途中でそれも決めて見せた。相変わらず怒りっぽく、言葉も乱暴になるが、最近は度を超すことがなくなった。

純も変化を見せ始めていた。これまでは、誰よりも早く自分が抱かれることに執着してきた。台所で食事をするとき、居間で遊ぶとき、近くにいる保育士に抱いてほしいとせがんだ。自由に歩けるようになると、地団駄を踏み、泣いて両腕を差し出し、抱かれるまで追いかけてきた。だがここに来て、拓巳や春奈との順番を競わなくなった。三人のうち誰かが最初に抱かれても、次か、その次には自分の番がくる。だから、待っていればいいと思えるようになったのだ。壁に頭をぶつける行為も見せない。

拓巳は、百合子の指を握りながら眠っていた。さっきまでシーツを頭からかぶり、隠れては顔を出し、両足を抱えて笑っていた。最近は、純と春奈を世話するお兄さんぶりも発揮する。イライラした様子は続いているが、全身で警戒するような緊張感はない。保育士に序列をつけて、美登里にきつく当たることも、いつの間にかなくなった。

「私は、三人の子どもたちの混乱を、一軒家のこの静けさが落ち着かせたのだと思うの」

百合子が言うと、宏美もうなずいた。

乳児院では、いつも大勢の大人たちが忙しそうに動き回っている。たくさんの赤ちゃんが泣き、声をあげたりしている。喧噪《けんそう》にさらされることは避けられない。

「赤ちゃんたちが抱え込んだ問題は外からは見えない。苦しいことがあっても、言葉で伝えてくれる年齢じゃない。まず、育て直しする生活を大人が確保してあげること。その土台がなければ、癒しも治療も始められないのよね」

百合子は、子どもたちがあまり病気をせず、熱を出さないことを実感していた。

「それから、この家。大きさがいいと思いませんか？」

宏美が言う。

子どもたちはよく、保育士をさがす。母親のそばにいたい気持ちと変わらない。

「ゆりちゃん、どこにいるの？」

「お風呂のお掃除をしているの、もうちょっとで終わるからね」

きょうも、拓巳が百合子をさがしていた。美登里がそう伝えると、拓巳は風呂場をのぞきに行った。

「ゆりちゃん！　ゆりちゃん！」

かわいい声が響いた。百合子は、思わずその声に引き込まれて、

「はーい」

と返事をした。

誰がどこにいるのかわかるから、安心して遊べる。こんな些細《ささい》なことが、子どもにどれだけ幸福感を味わわせるかわからない。この家があれば、ゆっくりと子どもを生活の

中で癒していける。保育士たちの必死の試行錯誤が、愛情となって子どもたちに届く大きさの家だった。

「長男」の入園

拓巳は三歳五ヵ月になった。きょうは幼稚園に入園する日だった。テーラードの紺色の制服に黄色い鞄《かばん》をななめにかけ、レンガ色のベレー帽をかぶり、笑顔をはじけさせている。六月だが、児童養護施設に併設されている幼稚園に途中入学し、様子を見ることになっていた。

（よくここまで成長してくれた）

百合子は、拓巳を見つめた。車に乗ることが怖くなくなり、外遊びができるようになった。顔も腕も日焼けしてきている。

「行ってきまーす」

幼稚園は「ペンギンハウス」から数分のところにある。いつも散歩している公園を通り抜けた向こう側だ。すでに、百合子と何度も通って場所を覚え、あいさつも練習していた。

「気をつけてね！」

「うん！」

百合子と美登里が見送る。春奈と純は玄関の外まで追いかけ、手を振った。

「行っちゃったあ」

春奈が寂しそうな顔をした。うしろで結んだポニーテールが揺れる。

「行っちゃったあ！　ぼくも行きたーい！」

純が言葉をまねる。身長がどんどん伸びている。

「うーん、長男が幼稚園に通いだしたとき、こんな気持ちになるのかしら」

百合子は、思わず声に出した。

拓巳の通園は「ペンギンハウス」の家族にとって、大きなライフイベントだった。その日から、家の時計は拓巳を中心に回りだした。朝七時半に子どもたちは起き、朝ごはんを食べる。九時には拓巳が幼稚園に行く。純と春奈は拓巳を見送ると散歩に出る。公園の滑り台で遊んだり、近くの犬を見に行ったりして、帰宅すると昼食になり、そのあと昼寝する。保育士たちは、そこでひと息つく。保育士ふたりに子どもふたりの時間が増え、不完全燃焼になっていた気持ちが充足される。

「ただいまー。おなかすいたあ」

午後三時になると、拓巳が幼稚園から帰り、玄関で大きな声を出す。

「たっくん、たっくん」

昼寝をしていた純と春奈が起きだして、拓巳を迎えに行く。

「ゆりちゃん、あのね。うさぎのあかちゃん、いた！」

拓巳は、百合子をさがして家の中に飛ぶように入ってくる。幼稚園であったことを次々に話しだす。

「どこにいたの？」

「ようちえんの、近所のおにわにいた」

「何匹いたの？」

「いっぱい！」

百合子がいなければ、宏美や美登里に話して、嬉しそうにする。自分ひとりの話を聞いてくれる人がいる。その人が待つ家に駆け足で帰ってくる。その幸せが、彼の胸を張らせているようだった。

「はるなも、うさぎ、見たいー」

「見たいー」

純と春奈も聞いていていて、自分も早く幼稚園というところに通いたいという顔をする。

一時、「きょうは幼稚園に行きたくない、家がいい」と駄々をこねて、百合子がいっしょに通ったが、順調に友だちが増え、すぐにそういうこともなくなった。そして、幼稚園入園は拓巳の社会を広げ、家族さがしの入り口となった。

「ぼくの家、べつのところにあるんだよ」

ある日、積み木をしていた純と春奈に、拓巳がそう説明を始めた。幼稚園で出会う友だちの保護者を見て、子どもには父親と母親がいて、姉や兄、弟や妹がいることを知ったのだ。そして、いつの間にか、他人同士が集まり「ペンギンハウス」で生活をしていることも理解していた。

「ぼくのお母さん、今、お家にいる？」

「えっ？」

百合子に、突然、そう聞いたこともある。顔を少しくもらせていた。

「たっくんのお家にいるのよ。お父さんもいっしょにいるよ」

「ふーん」

それ以上、拓巳は聞いてこなかった。

拓巳が家に帰れる可能性は、時間の経過とともに低くなるようだった。母親は派遣社員としてだが、編集の仕事に復帰し、面会に来る見通しは立っていなかった。父親は何度か幼稚園にやってきて、遠くから様子を見ていった。彼は、引き取らないなら会わないほうがいいと言った。家族関係は改善されておらず、児童相談所は、無理な帰宅はふたたび拓巳の命に関わる事態を招きかねない、という危惧を捨てていなかった。

初めての「家族」旅行

「さあ、行くわよー。みんな靴、はいてね！　純くんはおしっこだいじょうぶ？　帽子もかぶって。忘れもの、ない？」

百合子が、玄関で三人の子どもたちに話しかけた。口紅を引き、よそ行きのブラウスを着て華やいでいる。宏美と美登里も、いつもと違ってしっかりと化粧をしていた。拓巳は胸に電車のプリントがついたタンクトップ、純は縞《しま》のTシャツ、春奈はオレンジ色のTシャツを着て、それぞれリュックを背負い、家の外に出た。大好きなお姉さんたちの弾んだ様子に、はしゃいでいる。

きょうは、初めての旅行に出かける日だった。バスと電車を乗り継いで海辺に行き、近くの旅館に泊まる予定を立てていた。

前日、百合子たちは、ボストンバッグに詰める子どもたちの洋服を深夜まで選んでいた。

「真夏だから、外では汗をかくでしょ。でもレストランや旅館にはクーラーがあるから、体が冷えると風邪をひくわよね」

「そうですよね、じゃあ、体にかけるバスタオルをもっと持ちましょうか」

宏美と美登里が次々に持っていくものを並べていく。

「ちょっと待ってよ、バッグに入りきらないでしょう」

百合子が止めに入って、三人の保育士は苦笑し合った。まるで、心配が尽きない母親のようだった。

「旅行なんて初めてですね！　どんな顔するんだろう。喜ぶかしら」

美登里が、あしたが楽しみでしかたない、というふうに声をあげる。

「帰ってきたら、変わるかしら」

百合子が願いをこめるように言うと、宏美と美登里も相槌《あいづち》を打つ。

だが、子どもたちには何が起こるのかよくわかっていなかった。出発の朝は、六時には三人とも起き、よそ行きの服を着てはしゃいでいた。だが、家の前から小型の路線バスに乗り込むと、さっそく純が泣きだし、宏美に抱きつく。純にとっての初めてのバスは大きく、知らない人も乗っていた。宏美があやしながら抱きしめるのを、百合子と美登里がにこにこと見守る。拓巳と春奈は、バスの窓から見える景色を不思議そうに眺めていた。

市街地のＪＲ駅に着くと、特急電車を目指した。大きな建物、大勢の人、アナウンス、出入りする電車、何もかもに子どもたちは目を丸くした。

海に向かう特急には、家族連れが多かった。両親と子どもたちが嬉しそうに話し、持ち込んだものを食べたりしていた。

「百合子さん、私たち、溶け込んでいますね」

美登里が、まわりを見回して言う。

「ママの数が、ちょっと多いけどね」

宏美が笑うと、百合子が真顔になった。

「あら、ママひとりに子どもひとりで、三組よ」

その言い方に笑い合うのを、子どもたちが見ている。

しばらくすると、海が見えた。拓巳は、窓にしがみつくように、そのどこまでも青い雄大さに見入った。初めて「ペンギンハウス」から遠く離れ、見た海だった。春奈も純も、黙り込んだ拓巳の気持ちがわかっているかのように、静かにしていた。

二時間かけて目的地に着くまでに、子どもたちは、この外出がとてつもなく楽しいものだと理解したようだった。まず遊園地に着くと、拓巳は大好きな電車を見つけた。客車を引くことのできる模型で、純も春奈も、拓巳が電車を好きなことを知っていて走りだす。客車に拓巳と春奈、純と宏美、百合子と美登里が並び、機関車が出発すると景色が動いた。拓巳は、真剣な顔をして模型の運転レバーを握っている。百合子たちが思わず笑うと、その笑顔を見て純と春奈が笑う。

遊園地の海側のプールでは、シャチのショーが始まるところだった。階段式の客席には、すでにたくさんの親子連れが座っていた。拓巳と純、春奈は、階段の中くらいのところに陣取ると、それぞれ好きなお姉さんのそばに座った。ほかの家の子どもたちは歓声をあげているが、拓巳たちには何が起こるのかわからない。水族館の係の男性がマイクであいさつをすると、三人ともいっせいに緊張した。

最初に、舞台の袖からアシカが出てきた。飛び込み台の先に進んで、前足を叩く。観客から大きな拍手と笑いが巻き起こる。初めての経験で子どもたちは体を硬くしていたが、すぐに笑顔が出た。毎晩抱いて寝ているぬいぐるみの中に、見覚えがあった。

「こっち、こっち」

純が呼ぶ。

「すごーい」

春奈も拓巳も、身を乗り出してアシカを応援した。

またマイクの声が響くと、観客が心待ちにしていたシャチがプールに放たれた。飼育係の合図とともに、シャチが大きな体を水面から出し、プールの縁に体を乗せる。ピーッと笛の鋭い合図が鳴ると、しっぽを誇らしげに上げる。

拓巳が一瞬息を止めた。それから息が詰まったような呼吸をすると、泣きだし、百合子にしがみつく。

「こわいよっ！　帰りたーい！」

「だいじょうぶ、ほら、見てごらん」

百合子は言葉をかける。

「大きいけど、かわいいねぇ」

大粒の涙が流れるのを拭いて、抱きしめて、あやして、拓巳が落ち着くまで体を揺らすと、拓巳は泣きやんだ。しばらく百合子に体をくっつけていたが、こわごわ振り返る。

宿泊先の旅館に早めに入り、部屋に通されると、子どもたちの探検が始まった。純は、窓際に置かれたソファーに乗って跳びはね、拓巳は冷蔵庫を開けて中を点検する。春奈は風呂場や洗面台をのぞく。

「ねえ、みどりちゃん、こっちに来て、来て！」

何もかも珍しくてたまらない、それを知らせようと春奈が大きな声を出す。

「きょうはどこに帰るの？」

拓巳が百合子に聞いた。

「きょうはここに泊まるのよ」

「わー、ここにみんなで、泊まるんだ！」

拓巳が歓声をあげた。

「さあ、お外に出て、海を見に行きましょう。お弁当を食べて、ぶどう狩りもしようね」

宏美が言う。

白い砂で有名な浜辺には、観光客がたくさんいた。しばらく百合子たちのそばでじっとしていた拓巳たちだったが、自分で靴下を脱ぎ、砂に足を埋めた。それから、座り込んで砂を握り、感触を確かめる。寄せる波の近くまで連れて行ってもらうと、恐る恐る海水に足をつけ、波から逃げては、また足を入れた。

「きゃー、つめたい」

「きもちいい！」

春奈と純が歓声をあげた。

「できたよ、波から逃げられたよ！」

百合子を振り返って、拓巳が大きな声を出す。

「おなか、ぺこぺこー。きょうのお弁当、なに？」

純が、砂だらけの足で駆け寄ってきた。

「おなか空いたよね。お弁当にしましょう。手作りなのよ」

百合子たちは日陰を見つけてレジャーシートを敷いた。弁当の包みを開くと、おにぎりやパンがきれいに並んでいた。

「さいこー！」

「おいしそー！」

子どもたちから、笑顔がこぼれた。

「純くんの大好きなサンドイッチもあるからね」

純は宏美のそばに座り、自分の頬を手のひらで叩いて、ポーズを作る。拓巳は百合子が作った卵焼きを食べる。皆、いつもの倍ほどの食欲で保育士たちを驚かせた。

満足した純が、海に向かって走りだした。

「気をつけて！」

宏美が声をかけると、純がくるっと振り向いた。笑顔で、ピンク色の頬を紅潮させている。それから宏美に向かって走って戻り、口に果物を放り込んでもらう。嬉しそうに、また走って行き、くるっと振り向き、戻ってきて、果物を放り込んでもらう。あまりにかわいらしく、保育士たちは笑いどおしだった。

それからまた波打ち際で遊びだした子どもたちを見ながら、三人の保育士は話し始めた。

「よかったですね、旅行に来られて。帰るって言いだすかと思ったけれど、あんなに嬉しそうにしている」

「家を出るのは初めてだし、長い時間電車に乗ってどうなるかなと思っていたの。でも、成長したのねえ」

宏美と百合子がしみじみと言い合う。

拓巳がやってきてから二年二ヵ月経った。この旅行のあと、暮らしが変わる。百合子は本園に帰る。それから、新しい赤ちゃんがやってきて、子どもたちは四人になる。

「『ペンギンハウス』に行けと言われたとき、引き受けるかどうか、本当はすごく迷ったの。乳児院にかわいがっていた赤ちゃんがいたから。でも、一軒の家で三人の赤ちゃんを育ててみて、今は比べものにならないくらい寂しい気持ちになっている。こんなにも深くひとりひとりの子どもに心を結んでいた、私も幸せにしてもらっていたのだと思うの」

宏美と美登里は黙って聞いていた。

「旅行の前の晩にね。添い寝していたら、たっくんが私の足をキックしてきたの。それから、いつものように抱きついてきてね。ああ、もう少しこの家にいたいなと思っちゃった」

百合子は、家族の事情で夜勤が難しくなり、異動を申し出ていた。

「また、落ち着いたら『ペンギンハウス』に帰ってきたいな！」

泣きそうな目を夏の太陽に向けた。

近くに咲いていた花の前で子どもたちは手をつないで記念写真を撮った。その晩は、保育士たちが交互に子どもを挟んで、布団を敷いて眠った。初めての旅行、そして、みんなでする最後の旅行だった。

無条件に愛するという役割

九月になり、百合子が去った家に生後一ヵ月の洋人《ひろと》がやってきた。父親からの暴力で頭蓋骨陥没し、入院治療を終えたばかりで、目が離せなかった。

洋人の出現は、拓巳と純、春奈にとって大事件となった。どうして新しい子どもが入ってくるのか、理解できないのだ。純は、眠れなくなり、すぐに泣き、自分の腕を噛《か》んで傷つけてしまうようになった。春奈は、これまで見たことがないほどの甘えん坊になり、抱っこをしてもらうまでせがみ、宏美や美登里に体をくっつけていないと眠れなくなった。拓巳は、急に赤ちゃん言葉になり、夜になると洋服を脱がせて、着させてと駄々をこねた。食事も遊びも、つきっきりでそばにいて世話をしてほしいと訴えて聞かない。

宏美と美登里は落胆した。大人からは安定したように見えていた。だが、二年以上も続けてきた努力は少しも実っていない。子どもたちの混乱は、そう告げていた。

しかし、しばらくすると、その騒動は意外な方向に展開した。洋人が泣くと、春奈があやすようになったのである。立とうとして転ぶと、急いで宏美たちを呼びにくる。拓巳も変わった。一ヵ月近く毎晩添い寝してもらい、宏美や美登里に甘えながら、少しずつ洋人をかわいがれるようになっていった。純は、洋人が家の中にいてもかまわないというところまでこぎ着けた。

一方、百合子と入れ代わりに赴任した横尾沙紀《よこおさき》は、この現実の重さに動揺していた。美登里より年下で、まだ学生の雰囲気が残っている。子ども虐待についての研究会などに参加している努力家だったが、虐待を受けた小さな子どもたちの様子を見るのは初めてだった。

「拓巳くんが、私にだけ乱暴なことを言うのはどうしてですか?」

「春奈ちゃんが泣きやまないのですが、どうしてでしょうか。どうすればいいですか?」

いちばん下の保育士として、かつての美登里のように拓巳に試され、勉強を重ねたはずの知識はすぐには役に立たなかった。

一〇月のある日、宏美と美登里がいっしょに仕事をしている時間帯に、沙紀がやってきた。

「どうしたの。お休みの日くらいは、ボーイフレンドと映画にでも行ったら?」

宏美が冗談を言う。宏美はこの家の責任を持つ立場になっていた。

「宏美さん。私に、この家の保育士ができるでしょうか。これまで、宏美さんたちがどんなにご苦労されてきたのかわかればわかるほど、私にはそんな力がないと思えます」

沙紀は、この質問をするために来たのだと宏美は感じた。「ペンギンハウス」を始めた頃の、困惑していた自分を重ねた。

「洋人くんがやってきて、どんなことになるのかと心配したけれど、急に弟ができてしまったお兄ちゃん、お姉ちゃんのわがままくらいですんだと思う。たとえ本当の親とは心を結べなくても、大人がしっかりと子どもを守り、子どもが自分にとっていちばん大事な大人を見つけて愛着を結ぶことができれば、次に大事な人とも愛着を結ぶことができるのだと、私も信じることができたの」

宏美は、これまでを思い浮かべながら言った。

「百合子さんも、私も、美登里さんも、最初は、プロなのだから完璧な育児をしようとしていたと思う。でも普通の家庭だって、子どもをどう育てるのか、最初から答えが出ているわけじゃなく、親も育っていくのよね。最初からいろいろやろうと思っても、自分をがんじがらめにしてしまうわ。当たり前の生活を、当たり前に過ごす。子どもにとって、この人は安心できる、守ってもらえるというたしかな感触を心に作ってあげること。それが、この赤ちゃんの家での仕事なのだと思う。いつもこの人がそばにいるのだ、ということをしっかり伝えること。それを毎日重ねていくの」

美登里も言葉を添えた。

「最初の頃の私は、乳児院での八時間勤務から、二四時間子どもたちといっしょに過ごすことになって、自分のエネルギーをどう配分してこの家にいればいいのか、わからなかったな。いろいろなことが起こるし、お休みの日にも子どものことを引きずっていた。でも、あるときふっと気づいたの。『ペンギンハウス』の外に出ても、この家にいても、同じ自分でいればいいいんだなと思って、バランスが取れるようになってからは、すごく楽になった」

「えっ？」

沙紀はもう少し説明してほしいという顔をした。それを見て、美登里がいたずらっぽい顔をした。

「一生懸命にがんばっていたの、ここに来てから。重い虐待を受けた子どもを預かるんだ、保育士として責任を果たさなければという気持ちもあったかな。たとえば、食事ひとつにしても、何がなんでも食べさせなければいけないと思い込んでいたの。でも、半年くらい経ったとき、お医者に相談するようなことでなければ、少しくらい食べなくてもだいじょうぶ、という感じで気を抜けるようになった。けがをさせないように必死だったけれど、少しくらい倒れても危険でなければ遊ばせようって、前向きに考えるようになったの」

いちばん若かったから、百合子先輩や宏美先輩に甘えたうえでのことよ、と美登里は付け加えて、また笑顔を作った。

「大人が経験を積み、自然に変わっていくと、子どもにもそれがよく影響することが実感できた。この家の保育士には、心の問題や子育てについてより深い知識が必要とされるけれど、自分の勘を信じ、情で子どもたちとの愛情を深めていくことも同じくらい大切なことだと思う。無条件に子どもを愛すること。子どもたちが、自分のことを見捨てず、あなたが何をしたってお姉さんは見ているからね、というメッセージをしっかりと受け取れるように、私たちが働くことが大事だと思うの。ここに来る子どもたちは、家に帰れない可能性が高いかもしれない。だからこそ、この家が必要なの。私たちは、そこで必要とされているの」

と宏美も言う。道を探り、作りながら進んできた保育士として、「ペンギンハウス」の答えを見つけつつあった。

虐待を受けた子どもたちは、心の中に嵐を抱えている。この家でなら、納得いくまで、泣き、食事を拒否し、手足をばたつかせて大声を出せる。だが大勢の子どもがいて、食事や寝る時間が決められており、大人も決められた時間に帰ってしまうなら、子どもは心の嵐を出しきれないのではないだろうか。

この家でなら、寝る時間が少しは遅くなってもいいし、保育士たちは帰る時間が遅くなってもかまわない。融通を利かせ、子どもが納得したうえで次のことに移るのを待っていればいい。子どもとの関わりに時間制限はない。

宏美は、さらに成熟した「ペンギンハウス」を作ろうとしていた。これまでは、和室と台所の仕切り戸を閉めて調理の仕事をしていた。ひとりの保育士が台所で仕事をし、もうひとりが和室で子どもを遊ばせる。この、安全を第一にした役割分担は乳児院のやり方だった。だが、それは家庭的ではない。どの家でも、母親があと片づけをしている場所で子どもは動き回っている。だから、これからは戸を閉めない。

食事もそうだ。これまでは子どもたちだけで食事をさせていたが、大人もいっしょに食べることにした。工夫できることは、どんどん変えていくつもりだった。

宏美は、最後に沙紀に言った。

「お父さん、父性も必要よね。これからは男性の職員に出入りしてもらって、赤ちゃんたちと交流してもらわなきゃ」

本当の闘い

四歳の誕生日が近づき、拓巳は電話に出るのが得意になり、折り紙が上手で、一度教えられたことをよく覚えている聡明《そうめい》な子どもに成長した。しかし、これまで大人たちに見せなかった別の一面が現れ始めた。

「どうしてできないの！　何回も言ったでしょ！」

「だめ！　やっちゃだめだよ。あっちに行け！」

トイレの中で、動物のぬいぐるみにつぶやき、繰り返し言い聞かせる行動が出現したのだ。宏美を風呂場の脱衣所に閉じ込める事件も起こした。

（ぼくの心には、解決しなければ大人になれない問題があるんだ）

拓巳の行動は、そう言っているように見えた。

保育士たちには、この症状が一時的なものか、何年も続く虐待の後遺症であるのか、知らなければならない重大な問題だった。施設長の中田は、児童養護施設「聖家族の家」に勤務している女性の臨床心理士を「ペンギンハウス」の相談役に依頼した。拓巳の変化について細やかに相談し合う体制を固めなければならなかった。そして拓巳に、プレイセラピーによる心理療法が開始された。

拓巳の幼稚園の鞄には、小さな封筒が入っていた。

「おかあさん　げんきですか　たくみより」

「おとうさん　げんきですか　たくみより」

幼稚園で書いた、母親と父親への手紙だった。

※第三章二三四頁から「ペンギンハウス」のその後を紹介しています。

第二章　あすなろ学園
——育て直しの子ども病院への挑戦

「舞《まい》が死んじゃう！」

明るかった海が沈んだ。雲が、あわただしく流れ始めていた。

「歩けるかい？　あの岬のほうに行くと、魚をとる船がつないであるところがある。そこに叔母ちゃんがいるんだ」

少年が、小さな女の子の手を握りしめ、話しかけている。三月半ばなのに、厳冬期のように冷え込んでいた。少女は外出用のコートを持っていなかった。少年は、自分のジャンパーを着せかけた。

少女は、体をふらつかせていた。これ以上歩き続けられそうになかった。

「さあ、乗って！」

少年は、華奢《きゃしゃ》な背中を向けた。

彼は、小学校に着ていった青い運動用のジャージのままだった。この日、昼休みに学校を抜け出すと、二ヵ月前に引っ越してきた小さな借家に帰り、妹を連れてバスに乗った。母親は、仕事で出かけていた。バスを乗り継いで、叔母の家に、どうしても行かなければならなかった。

「兄ちゃん、ミカン色」

兄の背中につかまりながら、雲間に見え隠れする夕日を見て、舞が言う。

いったんJRの駅で降りたあと、すぐに次の路線バスに乗ればよかったのだが、妹をしばらく休ませなければならなかった。この海岸に近いバス停に降り立ったときには、日が傾き始めていた。

靴に小石が入り、少年は立ち止まった。妹を下ろし、小石をはらうと、もう一度しっかりと背負う。そして、振り向いて、市街を見た。大きなスーパーやホテルのビルが見える。誰か追ってくるような気がした。

舞は、生まれてから六歳になるまで、一度も家の外に出たことがなかった。母親が決めた部屋や押し入れで、ずっと暮らしてきた。足にはほとんど筋肉がついておらず、長く歩くことはできない。

彼は、妹が家にいることを誰にも話していない。大好きな母親と暮らしていくための、絶対の約束だった。何度か引っ越したが、近所の人に気づかれたことはない。

だが、きょうは、どうしても妹を連れ出さなければならなかった。

「叔母ちゃんのところに行けば、いっぱいごはんが食べられるからね」

バス停から、さほど遠くないところに叔母の家はあるはずだった。少年は住所をメモした紙を何度も読み直し、遠い記憶をたどった。やがて、見覚えのある近くの家の前に着くと、舞を下ろし、呼び鈴を押した。

「どちら様？」

「ぼくだよ、叔母ちゃん。ぼくだよ！」

しっかりした声で話そうと決めていたのに、泣き声になった。

玄関のドアが開き、中年の女性が外に出てくる。そして、目を見はった。

「尊志《たかし》、どうしたの？　どうやって来たの？　誰かに連れてきてもらったの？　あっ、舞！」

叔母は言葉を飲み込んだ。

「舞が死んじゃう！　助けて、助けて叔母ちゃん！」

尊志は絶叫した。

舞の体は痩せ細り、血管が透けて見えるほど真っ白な肌をしていた。

「兄ちゃん、帰ろう。お母さんが怒る」

不安と混乱で、舞の顔は歪《ゆが》んだ。

「舞……」

尊志は、もう母親は許してくれないと思った。約束を破って妹を連れ出したのだ。

「帰ろう、帰る！」

叔母は、そう繰り返す舞を、かばうように抱きしめた。

「とにかく、家に入りなさい。だいじょうぶ、だいじょうぶだからね。尊志もおいで」

舞は身もだえし、叔母の手を振りきろうとしたが、逃げ出す力はなかった。

六年間の暗闇

あすなろ学園に消灯を知らせるメロディーが流れた。

Ⅰ病棟西の廊下が暗くなると、二七人の小さな入院患者たちの声がぱたりとやむ。だが、皆がすぐに眠りにつくわけではない。この児童精神科の病院で暮らす小学生たちにとって、夜は不安を強く感じる時間になる。病名はそれぞれだが、子どもたちは、発達や情緒に心配があることで入院をしている。

その向かい側には、廊下で行き来ができるⅠ病棟東があり、年齢の大きな二七人の子どもたちが入院している。別棟には、集中的な治療や短期入院のためのⅡ病棟があり、ベッド総数一〇四床になる。

その晩も、いつものように、Ⅰ病棟の保育士吉野《よしの》道子《みちこ》は病室を巡回していた。病室はふたり部屋と四人部屋になっている。まだ幼く、大人の世話が必要な子どもが多く、親しい看護師や保育士に声をかけられることで、子どもたちはだいぶ落ち着く。三月もあと数日で終わる。進級や卒業の時期にさしかかり、退院準備のために一時帰宅した子どものベッドがあちこちで空いていた。

吉野は、あすなろ学園に勤務する一六人の保育士のひとりだった。短大を卒業したあと保育園に五年勤務し、あすなろ学園に来てから七年になる。身長は一五〇センチほどで、ショートヘアに丸顔、柔らかな声には、子どもたちを安心させる不思議な力があった。

いくつかの病室の巡回を終えると、吉野はナースステーションに近いふたり部屋に向かった。片方のベッドは空いており、六歳の少女がひとりでいるはずだった。

「舞ちゃん、寝る時間になったよ」

そっと声をかけたのだが、舞は驚き、体を大きく震わせた。前の晩はほとんど寝ていない。いつ何が起こるかわからないと信じ込んでいる。

「おばけ……」

舞が、小さな声で訴え始めた。涙が目にいっぱいになる。声は立てなかった。ここに入院してから三日目になったが、夕闇が迫ってくると怯《おび》える。あまりに悲しそうな泣き方をするので、吉野はかわいそうでならなかった。

「おばけだよー」

「だいじょうぶ。ここにはおばけは来ないの。お医者さんや看護師さんやみんながいるからね。怖いものはここには来られないの」

「……うん」

返事が揺れる。吉野は、身のまわりを片づけながら、当たり障りのない言葉をかけて落ち着くのを待った。

「あしたは、どこで寝ますか？　お母さんの家ですか？」

舞が聞く。

「しばらく、ここにいようね。お友だちもたくさんいるから、小学校に行ったり、遊んだりしよう」

兄の尊志が助けを求めたのは、父方の叔母の家だった。生まれてから六年間、舞は家に閉じ込められていた。父親の親戚筋は、父親が亡くなったあと、母親がひとりで尊志と舞を育てていることは了解していた。だが、友人を頼って関東の大都市に行き、そこで働いているという連絡を受け取っており、深刻な状況に誰も気づくことはできなかった。

兄の尊志が叔母の家に向かう決心をしたのは、舞が衰弱して死ぬのではないかと考えたからだった。一日の食事は夕食を一度きり。電気をつけることを禁じられた暗い部屋で食べていた。だが、最近の痩せ方は尋常ではなくなっていた。何度目かの引っ越しで、叔母の家から遠くない町にやってきたことで思いきりがつき、兄は妹を連れ出したのだった。

舞を保護した叔母は、ともかく柔らかい食事を作って食べさせ、暖かな部屋に寝かせた。だが三、四日すると、予想もしなかった事態に陥った。舞が、赤ちゃんのように体を丸め、自分の名前も言えず、箸を持つことも、立つこともしなくなってしまったのである。安全な場所に落ち着いたことで、退行現象を起こしたのだ。このままでは大きくなれない、赤ちゃんのときに戻って自分を育て直してほしいという、子どもの必死のサインだった。四月から小学生になるはずの姪《めい》が目の前で変わり果て、叔母は仰天した。幸いだったのは、理学療法士の夫が、迷わず勤務先の小児科に受診させたことだった。児童相談所への通報は、その小児科医からだった。舞の母親は、叔母の家に子どもたちがいることを知り、仕事を休んで引き取りに行くと電話連絡してきていたが、児童相談所がそれを拒否した。

　隣県から引っ越しをしてきたばかりで発見が難しかったとはいえ、六年間も外出禁止にされていた子どもが突然姿を現し、児童相談所は騒然となった。だが対応は素早かった。あすなろ学園の児童精神科医に、その日のうちに相談したのである。季節の移り変わりを知らず、友だちひとり作った経験がない子どもが、どれほどの治療や生活の世話を必要としているのか。あらゆる身体的、心理的な危機にさらされていることは明らかだった。

　児童精神科医は、子どもの心を治療し、子どもの心身の発達に大きく影響する家族関係の調整も行える。この重い症状を呈する子どもの入院は、すぐに実行に移された。

あすなろ学園、入院の日

　あすなろ学園は、正式には「三重県立小児心療センターあすなろ学園」という。児童精神科の独立した病棟を持ち、高度な専門性を有する病院として知られている。

　ＪＲ津《つ》駅から伊勢方向に車で二〇分ほど走ると、県や市の施設が点在する地域に、まず広大な敷地を擁する「こころの医療センター」が見えてくる。県立高茶屋《たかちゃや》病院から改名し、近代的な施設に建て替えられた病院である。旧高茶屋病院は、もともとは大人のための病院だった。しかし一九六二年から、国に先駆けて児童精神科医療を実践しており、一九八五年、あすなろ学園として独立した。

　初代園長には十亀史郎《そがめしろう》、二代目には稲垣卓《いながきたかし》、三代目に清水将之《しみずまさゆき》医師が就任した。いずれも、日本の児童精神科医療を牽引《けんいん》してきた著名な医師ばかりである。現在は、児童福祉法による第一種自閉症児施設として、外来と入院施設で、情緒や発達に心配がある子どもたちを治療している。

　学園棟は、「こころの医療センター」の一角にある。生長した木々に囲まれた赤銅色の煉瓦《れんが》造りで、その名のとおり、希望を感じさせる温《ぬく》もりを見せる。正門から玄関までのアプローチはこぢんまりとして、病院特有のものものしさはない。敷地は広大で、奥行きが広い。学園の玄関でもある診療本館に平行して二つの病棟が並び、その奥に、小学校と中学校の分校として使っている白壁の建物がある。子どもたちは、入院中も学校に通って勉強ができるようになっており、体育館も併設されている。

入院の日、舞は叔母に抱きかかえられて、外来の玄関にやってきた。小さな体で、叔母にしがみつくその必死の姿は、まるで大河に浮かぶ笹舟《ささぶね》のようだった。

待機していた吉野は、外来の待合室までやってきた舞の目線に合わせて膝をついた。

「舞ちゃん、こんにちは。私は吉野と言います。よろしくね」

舞は、すっと横を向く。目を合わせない。だが、全身で吉野の様子をうかがっていた。

「病院の先生がね、舞ちゃんの叔母さんに大事な話があるのですって。あっちにおもちゃがあるから、私と遊びながら、叔母さんを待っていましょうか？」

そう伝えると、舞はうつむいた。どう反応するか想像もつかない。遠巻きにしていた医師たちも、様子を見守っていた。

だが舞は、抵抗せずに吉野に抱かれたのである。その反応に、医師たちの顔はくもった。見知らぬところで見せた従順すぎるほどの従順さ。自分を出さず、相手に従う。舞が生き抜くために身につけた術《すべ》としか思えなかった。

病棟に落ち着いても、舞は、どうしてここにいるのかわからない様子だった。

「あしたは、叔母ちゃんの家で寝ますか？　お母さんのところですか？」

何度も何度も質問してくる。

「あすなろにはたくさんの友だちがいるよ。しばらくここにいようね」

繰り返し、言い聞かせるように吉野は答えた。

決して「帰りたい」とは言わない。そのことが、舞の窮地を教えていた。

病室に落ち着くと、舞は翌日にはなんとか歩けるようになり、赤ちゃん返りの症状も消失した。短時間で症状が回復したことに周囲は安心したが、すぐに別の心配が浮上した。

「行かないでください。電気、消さないでください。行かないでください……」

毎夜、消灯のチェックに行くと、舞はそう言う。懇願する、と表現してもいい。昼間は、帰るかどうかの質問以外にはほとんど言葉を発しない。それだけに、暗闇に取り残されることが、家に帰ることと同じくらいに重大な問題だと知らせていた。

「ごく普通」の経験がない

さらに吉野は、舞が抱える課題が山積していることを、わずか三日間で知ることになった。

ひもを結ぶこと、かぎホックやボタンをかけること、着替えひとつとっても、ひとりでできない。入浴はするが、怖がって目をつぶらないので髪を洗えない。病棟には同じくらいの年齢の子どもがいるが、友だちを作ったことがないので、話ができない。テレビを見たことがなく、人気の番組やアニメのキャラクターを知らないから、共通の話題もなかった。

吉野は、事実を受け止めきれなかった。生まれてから六年間、外の世界を知らずに育った舞は、誰にもわかる「ごく普通のこと」を経験していなかった。自宅の中で自然に見たり聞いたりする事柄から隔絶されていた。保育士として何ができるのかを考える前に、打ちのめされてしまったのである。

病棟保育士の仕事は、治療プランに沿って、子どもたちの日常生活を助けることだった。歯みがきや着替え、食事、時間を守ることなど、家にいれば母親がするような世話や心配りをして、生活習慣を身につけるようにする。入院している子どもたちの年齢は、小学校入学前から高校生までと幅広い。年齢なりの生活ができる子どももいれば、ゆっくりと成長を待つべき子どももいて、仕事にはやり甲斐《がい》を感じた。吉野は、子どもの心身の発達や児童精神科医療に関する勉強を重ねていた。

舞の担当に選ばれたのは、危機にさらされている舞を受けいれることができる、ベテランの力が必要だと医師たちが判断したからだった。

吉野には、最初に勤務した保育園で、すぐに庭に飛び出してしまう子どもを担任した経験があった。四歳だったその男の子は、長く椅子に座っていることができず、目を離すことができなかった。保育士は、子どもの難しい行動をどう理解し、どのように対応するかについて、養成の過程で学ぶ機会が少ない。最初は、どう関わってよいのか、まるでわからなかった。

だが、そのうちに、彼が本当は庭が大好きなのだということがわかり、天気のいい日は庭での活動を増やした。ひとつひとつできることを増やしていくと、やがて、室内にいられるようになり、吉野の目の届く席に座っていれば、長時間の活動にも耐えられるようになった。ほかの子どもたちは、その男の子が外に出てしまいそうになると吉野に教えてくれるようになり、時間をともにすることを学んでいった。

彼は、やがて地域の小学校に入学した。そして、級友たちといっしょにやっていくことができた。状況にもよるが、関わる大人たちに専門性や理解、工夫があれば、成長する機会を子どもたちは持つことができる。吉野は自信を深め、やがて、心の発達に心配を抱えた子どもたちの保育に携わりたい、と強く願うようになった。そして、あすなろ学園にやってきたのだった。

三日目の晩、吉野は、怯えている舞のそばにそっと座った。

「だいじょうぶ。だいじょうぶ」

泣きべそをかいている背中をさする。落ち着いてくるのを待った。

「トイレに行こうか？　舞ちゃん、おしっこは？」

トイレは、病室から廊下に出て、少し歩いたところにあった。

怯えているのに、声をかけると、驚くべき従順さで舞は立ち上がり、パジャマのズボンとパンツを全部脱いで廊下に出る。トイレのときには、下半身に何もつけない。繰り返し、繰り返しやってきたことを思わせる、身についた行動だった。

（パンツはどうかな）

吉野はそっと下着を見る。舞には排泄《はいせつ》の習慣がついていなかった。大便が出る時間や回数はまちまちで、下着を汚した。うまくトイレに行くことができても、自分で拭くことはできない。不思議なことに、排泄したくないときでも、声をかけなければ、何十分でもトイレに座っていた。

「おしっこやうんちが出たくなったら、近くにいるお姉さんに教えてね」

素直にうなずくが、伝わったのか、そうでないのか、吉野にはわからない。

「そうだ、舞ちゃん、絵本を読もうか。デイルームから持ってこよう」

トイレをすませると、吉野は本を読み、舞をベッドに寝かしつけた。最初はベッドの横に座り、やがてそっと靴をぬぎ、いっしょに背もたれに寄りかかる。

舞が選んだのは、『小さな家』というタイトルの絵本だった。都会に建っていた小さな家は、高いビルの谷間になって日も当たらない。毎日悲しい思いをしていたが、やがて、広い草原に家を移してもらい幸せになる、という内容だった。

聞いていたのか、やがてうとうとしてきた舞を、吉野は自然に胸に抱いた。起きているときには自信がなく、頼りなげだった。だが整った顔と大きな目をしていた。将来美人になりそうな寝顔だった。母親の添い寝を知らないだろう子どもの温もりを感じながら、吉野の目に涙がにじんだ。

「よくなあれ、元気になあれ」

吉野には同じ年の子どもがいた。わが子に熱が出たときには、吉野はそう言っておでこをくっつける。舞にも、そっと小さな声で呪文をとなえた。

（朝まで眠れるといいけど。おばけが出ると言って起きだしてきませんように……）

ハンバーグを知らない？

きょうの昼のメニューは、ハンバーグと目玉焼き、それにジャガイモのサラダだった。あすなろ学園では、子どもの体や心が元気になるためには、食事がとても大事だと考えていた。栄養価はもちろんだが、子どもたちが心待ちにするようなメニューを工夫していた。その甲斐あって、子どもたちは食事を楽しみにしている。中でもハンバーグは、給食リストをチェックして、この日が来るのを待ちわびるほどの人気メニューだった。

「きょうはハンバーグだよ、豪華版！」

食堂に行くと、吉野は舞に箸を持たせた。食事の介助は保育士の仕事で、ほかの保育士たちは担当の子どもたちと楽しげに会話している。

だが、舞が箸をのばしたのは、漬物だった。続けてごはんを口に入れ、また漬物に戻る。

「ハンバーグ、おいしいよ、ひと口食べてごらん」

吉野は、小さくちぎったハンバーグを舞の口元に持っていった。

「これ、なんですか？」

舞が顔を引く。

（ハンバーグを知らない？　子どもなら、誰もが好きなハンバーグを食べたことがない？）

吉野は、愕然《がくぜん》とした。舞の箸は、また、漬物に戻った。

「私が少し食べてみるね。あっ、おいしい！　給食室のおばさんがおいしいお昼ごはんを作ってくれたのよ。食べてみようね」

吉野が食べてみせると、ようやく舞はハンバーグを口に入れた。しかし、おいしいとは言わない。作ってもらったものを食べないと失礼になる、という気遣いを見せただけだった。

「もう、おなかいっぱい？　それじゃ、食器を片づけようか？」

「舞は、お兄ちゃんに電話します」

　突然、舞が言った。

「えっ？　電話を？」

　吉野は、舞の顔を見た。電話のかけ方も、兄がどこにいるのかも知らないはずだった。

「あそこ」

　公衆電話を指さす。入院しているほかの子どもたちは、代わる代わる家に電話をしている。それを見て、尊志と話せると思ったようだった。だが、やはり母親に電話したいとは言わなかった。小さな舞が抱える闇は、吉野の想像をはるかに超えていた。

母親の激昂《げっこう》

　舞の入院を、母親の美由紀《みゆき》が承知したわけではない。

　舞は、児童福祉法によって「一時保護」された。親や養育者の同意はいらない。あくまでも、危機的な子どもの命を最優先に考える措置である。叔母の家から児童相談所に保護された舞は、一時保護所という子どものための宿泊施設に移され、そこからあすなろ学園に入院してきたのだった。

美由紀は、この一連の動きに、腹を立てていた。児童相談所が勝手に子どもを連れ去ったとしか考えられなかった。

子ども虐待は、身体的虐待、性的虐待、心理的虐待、ネグレクトの四種類に分けて考えられている。親や養育者からの暴力、性的暴行、心が死んでしまうような暴言や無視、養育の放棄や放置などで、子どもの心や体が深く傷つくことを言う。比較的軽いものもあるが、舞の場合、六年間の外出禁止という最重度の虐待で、緊急に保護するべきケースだった。児童相談所の検討会議では、親権剝奪を家庭裁判所に申し立てる選択肢もあがっていた。

「子どもは親のものですよ。子どもを返しなさい！」

入院の前日、児童相談所の児童福祉司は、母親の家を訪ねていた。一時保護とあすなろ学園に入院させることを伝え、理解を得ようとしたのである。児童相談所は、危機への介入で親や養育者と対立関係になりながら、その後は子どもの養育をめぐって親しい関係を作らなくてはならない、という相反する役割を持つ矛盾を抱えている。子どもを家族に返すことを考えれば、一時保護の段階から対立関係になることを避けなければならなかった。

この日は、あすなろ学園の児童精神科医戸倉征子《とくらまさこ》が同行していた。個人的な判断だったが、難しい事例で、入院を引き受けるのにはできるだけたくさんの情報が必要であり、いっしょに行かせてほしいと申し入れたのである。

戸倉は、前の晩に一時保護所で舞に会っていた。怯え、警戒、そしてあきらめ。老人のように疲れた顔をしていた。

（発達にいちばん大事な乳幼児期から……）

やりきれなかった。医師になってから、さまざまな心の問題や葛藤を抱えた子どもたちを診察してきた。だが、ここまで閉鎖された環境で育った子どもには会ったことがなかった。

「同じ年の子どもさんは、四月から小学校入学です。友だちもほしい年頃です。このまま家に置いておくわけにはいかないのです。あすなろ学園に一度預けて、小学生になる準備を進めさせてください。そして、これからのことは、私たちといっしょに考えていきましょう」

児童福祉司は、説明を繰り返した。

「勝手なことをしておいて、何を言っているんです！」

美由紀は、児童福祉司を受けいれなかった。

「あすなろ学園の医師の戸倉です。今の舞ちゃんは入院が必要な状態です。あすなろ学園で預かりたいのです」

戸倉は、静かに言った。五〇代前半の児童精神科医で、医師になってから、あすなろ学園に勤務し続けている。肩より短めのまっすぐな髪、清潔な目、柔らかな笑顔が、会う者の心を惹《ひ》きつける。彼女の視線は、つねに子どもと家族のために何をするかに向いている。その一徹さに、家族からの信頼が厚い。病棟の子どもたちにも、絶大な人気を得ていた。誰が自分の苦しさに向かい合ってくれるのか、子どもたちは敏感に察知する。

だが、母親の美由紀は激昂していた。

「医者？　医者に何がわかります？　苦労知らずで、私のことなどわかるもんですか！」

「お母さんにも、こうしなければならない理由があったんだと思います。よかったら、もう少し、私と話しませんか？」

美由紀は、まだ三一歳だというのに、とても苦労した顔をしていた。孤独な感じもした。平日はコンビニエンスストアに食品を卸す会社で食品加工のパートをし、土日も仕事があれば出ているという。食が細いのか、痩せていて、顎がとがっていた。ことの良《よ》し悪《あ》しはあるにせよ、育ち盛りの男の子を育て、娘ひとりを隠して暮らすことには強いストレスがあったであろうと、戸倉は感じた。

だがこの日、親の権利を主張して譲らない母親と、少しでも了承を得てから入院させたいと願う児童相談所に、歩み寄れる場所は見つからなかった。

重い虐待の治療プラン

入院の翌日、戸倉は、若い児童精神科医、谷《たに》えり子と話し込んでいた。この日の入院調整カンファレンスを前に、打ち合わせをするつもりだったが、話はつい舞のことになった。

「正直に言うわ。児童相談所の一時保護所で見た舞ちゃんには、強い衝撃を受けた。六歳にもなった子どもが、壁につかまりながらヨロヨロと歩いている光景は、尋常じゃなかった」

戸倉が打ち明けると、谷は姿勢を正しながら言った。

「入院時検査では、知能指数や発達に少し遅れが認められます。六年間の閉ざされた生活による影響であれば、虐待環境から抜け出したことで、どんどんよくなるようにも思えます。どうでしょうか、回復してくれるでしょうか」

谷は、すでに大人の精神科医療を学んでいた。初めから児童精神科医になろうとしたが、日本の医学部には児童精神科医療を学ぶ講座はない。アメリカやイギリスなどに留学するか、国内で児童精神科を設置しているところで研修するしか方法がなく、戸倉を頼って研修にやってきたのだった。ショートヘアで、化粧はほとんどしていない。三〇歳を過ぎているが、童顔で、小児科医が浮かべるような持ち前の明るい笑顔が子どもたちに慕われている。

「教育をまったく受けていないわけだから、関わり次第で急速に回復するかもしれない。希望的な見方としては、そう考えることができるわね。でも、比較的短期で単純な虐待、というのがあるとすれば、このケースは長期間にわたる重い虐待ということになる。楽観せずに慎重に診て、対応していくことが大事になると思うわ」

こういう事件が発覚すると、どうして逃げられなかったのか、という質問が出るが、多くの場合、子どもは怯えており、無力で、逃げることができない。小さければ、育ててもらわなければ生きられない。自分の心を変形させて、理不尽な環境に適応する。それが虐待を受けている子どもが生きていく方法であり、そのねじれが子どもに深い傷を作る。

「遅くなりました」

病棟看護師長が声をかけた。臨床心理室責任者、病棟責任者、子どものこころの相談室責任者、舞の担当になった吉野、学園の奥庭に建っている小学校分校教師の沢木聡子《さわきそうこ》が揃《そろ》った。

戸倉と並んで座ると、谷が口火を切った。

「きのう、坂本舞ちゃん、六歳を入院させました。児童福祉法による一時保護です。通報は小児科医からでした。が、発覚のきっかけは、三歳上のお兄ちゃんが作りました。外出を禁じられていた妹を連れ出し、叔母さんに助けを求めました。このままでは妹が死んでしまう、と思ったようです。舞ちゃんは、発見されるまでの六年間、外に出たことはありません。父親は、交通事故で、舞ちゃんの誕生と入れ替わるように亡くなっています」

谷は、自分で作ったA4の書類を皆に配った。

「入院時の身長は九七・五センチでした。六歳児の平均は一一五・九センチです。体重は一四・五キロで、平均体重は二一・二キロ。虐待による傷、骨折は認められませんでしたが、新旧のあざがありました。虐待の種類は身体的虐待とネグレクトです。入院しているので病名をつけないといけないのですが、現状では、うまく歩けないので行動に心配があり、児童精神科病棟に入院しているわけですから情緒面でも検査や治療を進めるという判断です。戸倉先生とも話しましたが、これから先に何が出てくるか、どういう治療を求められるようになるかが、真の課題です。慎重に判断しながら進んでいきたいと考えています」

谷は、やりきれないという表情を浮かべていた。

「次に、入院時のアセスメント（評価）です。気になる点をあげてみました」

あすなろ学園では、入院してきた子どもの状態をアセスメントして、職員同士が、情報を共有することから始めることになっていた。谷は、声に出して読んだ。

「重要な点ですが、ひとつには、乳幼児期からお母さんとの関係がうまくとれていないために、愛着形成の不全があります。ふたつめに、現段階では、発達に遅れを認めます。それから、基本的生活習慣がまったく身についていない」

舞の状況を理解しようと、皆、示された項目を食い入るように見つめていた。

「私たちがこれまでに経験している子どもたちとは違う対応を迫られると考えます。そのところは、随時ケース会議などで連絡を取り合い話し合っていきたいと考えています。当面の治療プランについては、六つの柱を作りました」

配付資料には、治療プランが箇条書きされていた。

「まず、本児、舞ちゃんに安全感を保証することを第一とし、母親から完全に離した環境で治療を行うこととします」

最重要である点を、谷は強い声で伝えた。

新学期から学園内の小学校分校に入学させる、分校の担任に協力してもらい学力チェックしていく、基本的生活習慣の見直しをする、対人交流機能の修復に努める、などの項目がその後に続いている。

「担当スタッフですが、担当医は私、谷です。心理治療が必要になると思いますが、まだ舞ちゃんが小さいので、実施するなら遊戯療法、プレイセラピーを私が兼任します。

病棟責任者は看護師長の熊井《くまい》さん、お願いします。病棟保育士は吉野さん、分校の小学校担任は沢木さん。総責任者は戸倉先生です」

プレイセラピーとは、精神分析の幼児版と言えるもので、子どもが遊びで表現した葛藤を治療者が解釈し、意味づけることで治療に結びつけていく。

面会を強行したときは

「病棟から質問してもいいでしょうか？」

しきりにメモをしていた看護師長が発言をした。

「病棟としては、治療プランに沿いながら、生活面でのサポートもしていきます。が、一点、危機管理について検討していただきたいのです。もしも、舞ちゃんのお母さんが病棟に突然おいでになり、医師の判断を待たずに面会を強行した場合には、どう対処したらよいでしょうか。混乱した場合、ほかの子どもたちがいますし、看護師や保育士についても責任がありますので」

「それは、私も心配しています。これまでの経験から、養育者は子どもを取り返そうとすることも考えられます。親が子どもに依存している、つまり共依存の関係を言っているわけですが。子どもを手放せない、そばに置きたい、という心理が問題を深くしている可能性も考えておきましょう。昼間の場合、外来に子どもたちがいるときにはどうなるでしょうか。誰かけがをしないとも限らないし。もちろん虐待を受けた子どもも守らなくてはいけません。防衛策をしっかりと立てないと」

臨床心理室責任者も、心理面からの危惧を伝えた。

「確かに……。このケースでは、危機管理について、児童相談所と打ち合わせをする必要がありますね。まず、児童相談所からお母さんに対して、治療に専念するために舞ちゃんとはしばらく面会できないと伝えてもらうことにしましょう」

谷が発言すると、看護師長が続けた。

「原則的にそれでいいと思いますが、直接病棟に来てしまったら？　舞ちゃんを連れ帰ろうとしないでしょうか？　勤務時間外で人が少なかったらどうしましょうか？」

不安が参加者たちをざわつかせた。はっきりと事態がつかめておらず、情報が足りなかった。男性の乱入もあるかもしれないと考える者もいた。

やりとりを聞いていた戸倉が、顔を上げた。

「まず、お母さんとの連絡は児童相談所にすべてしていただくようにお願いしましょう。あすなろ学園に直接電話が入った場合には、外線をすべて一ヵ所に集中させて受けることにしましょうか。いろいろな人が電話に出て、行き違いがあるとお母さんにも失礼になりますから。突然お見えになった場合でも、そこに連絡をすることにしておく。男性が来訪するような不測の事態には、男性数人で対応していただけるように決めておけばいいのでは？」

「戸倉先生、その役は私のところで引き受けましょうか？　心理職がいる部署ですから、お母さんのお気持ちにも配慮できます。男性もおります」

子どものこころの相談室長が手を挙げた。県の職員で、子どもや大人の福祉施設に長く勤務した経歴を持っており、養育する親の苦悩も経験していた。

「相談室が連絡窓口になり、お母さんについては私が担当いたします。突然の来訪には、相談室の者がすぐに対応できるようによく話し合っておきましょう。私は、お母さんの気持ちも大切にしたいのです。時間外のことは、警備の人と打ち合わせをしておきます」

窓口が決まると、あすなろ学園の全職員に、当面母親との面会はせず、治療を行うと知らせることで、意見はまとまった。

根こそぎ奪われている安全感

あの……、と吉野が控えめに質問に立った。

「安全感の保証という点について、説明を受けておきたいのですが……。周囲を警戒していますし、音や刺激にとても過敏です。病棟保育士にできること、気をつけることなど理解しておきたいと思います」

病棟での舞の様子は、すでに医師らに報告されている。谷と戸倉が顔を見合わせ、戸倉が口を開いた。

「いい機会ですから、安全感について確認しておきましょう。入院施設を持つ医療機関としては、医学面と生活環境に分けて考えています。これは、皆さん、了解していただいているところです。医学的には、薬を処方し、心理治療などでストレスを具体的に楽にしていくことができます。生活場面においては、リズムを作って、安定した生活ができるようにすることが何よりも大事なことですよね。しっかり眠り、規則正しく食事を摂《と》り、気持ちよく排泄し、衣服を替えてもらえることです。でも、虐待を受けてきた子どもが、自分は安全なのだと感じるようになることは、じつは非常に困難です。基本的な生活が気持ちよくできる経験を積み重ねることなしには、安全な場所や安心できる自分をさがすことは難しいでしょう」

赤ちゃんは、おむつを替えてもらい、おなかが空《す》くとミルクを与えられ、安定した関係の中で信頼感や安全感を育てていく。舞には、その部分が根こそぎ奪われていると考えられた。

「現在は、音や強い刺激に驚愕反応が出ています。フラッシュバック、パニック発作も考えられます。当面、安全感を持てるための日々の生活を最優先していきましょう。安全感を持ってからでないと、友だちを作ることもできませんし」

虐待を受けた子どもの中には、突然の声かけや音、出来事に激しく驚く子どもがいる。驚愕反応と言われるほどの強い反応である。フラッシュバックは、侵入的想起とも言う。目がさめているときに、突然虐待されている場面などが意識に侵入してくる。感触や匂いまでもが伴うこともあり、子どもはその場にいるような恐怖を感じる。

「発達について心配があるお子さんと、舞ちゃんへの対応の相違点をあげていただけますか？」

看護師長があらたな質問をした。今度は谷が説明に入る。

「発達の心配で入院しているお子さんに対しては、比較的めりはりがあり、刺激ある関わりがいいとされていますよね。ですが、虐待を受けた子どもは、同じような言葉かけをすると、怒られたと感じるでしょう。たとえ話になりますが、看護師さんが太郎くんに、大きな声とはっきりしたもの言いで接しているところを、虐待を受けた花子ちゃんが見ていたとしましょう。花子ちゃんは、太郎くんが怒られていると感じます。恐れや支配を感じます。そのとき、ほかの職員は花子ちゃんに話しかけてほしいのです。『太郎くんは看護師さんに怒られている感じだよね。でも看護師さんは怒っていないよ』と。花子ちゃんが怒られていると感じていることに、職員は敏感に反応することです」

「子どもに接する人と、それを見ていて整理して伝える人がいる、ということになりますね？」

臨床心理士の男性が付け加える。

「そうです。人は怒ることもあるが、それはいつもではない。ニコニコしているときも、ほめているときもあるのよと説明してください。花子ちゃんが抱いた感情を整理してあげることです。大人は自分の親とイコールだと、重い虐待を受けた子どもは思っています。あすなろの医師や職員たちは、自分を否定した親とはこう違うのだと、繰り返し感じてもらうこと。舞ちゃんを大事にし、出来事を正当に評価する大人がいるのだと伝えることです」

谷はそう結んだ。戸倉は谷に肯《うなず》いてみせた。

散会したあとも、戸倉は会議室にひとりいた。今までいた人たちの沈んだ気配が残っているようだった。

あすなろ学園では、これほどの難しい環境で虐待を受けた子どもを入院させたことはなかった。戸倉があすなろ学園に赴任した一九七五年頃には、虐待を受けた子どもを診ることはほとんどなかった。虐待は以前からあったはずなのだが、治療ラインに乗ってくることはなかった。児童相談所が、一時保護という法的な措置により、子どもを入院させてほしいと言ってくる回数が増えたのは、「児童の権利に関する条約」を批准した一九九四年以降、日本では子ども虐待が社会問題化した時期に重なっている。

自閉症児の第一種施設として治療を実践してきて、子ども自身への治療や、親子関係の調整、学校や社会の環境を整えることについてはノウハウの蓄積があった。だが子どもを傷つけているのが養育者である点は、これまでとは違う。あらたな対応策や専門性が必要になってくるのは明らかだった。重症の被虐待児である舞の存在は、新しい家族像に揺れる日本で、子どものための病院としてあるあすなろ学園に大きな一石を投じていた。

入学式――困難な旅の始まり

小学校の本校に向かう道を、分校教師の沢木と舞が歩いていた。どこにこれだけの力があるのかと思うほどの握力で、舞が沢木の左手を握りしめている。すがりついている、という感じでもある。

入院から一〇日目、舞は入学式を迎えていた。あすなろ学園にある小学校分校から歩いて七、八分のところに本校がある。多くの子どもたちは、退院すれば地元に帰る。入院によって帰りづらくならないように、おもな行事は本校で体験することになっていた。

「私の先生、私の先生……」

舞が言い続けているので、そのたびに沢木は、返事をしたり、肯いたりした。叔母が用意したピンクのランドセルを背負い、背中まである髪をふたつに分けている。結んだところには、吉野がつけたピンクのリボンが揺れていた。

子どもなら、新しい生活が始まるのを待ちわびるものだが、舞はそれどころではなかった。「社会」にいきなり引き出される儀式に連れていかれるのだ。

「私は分校です。舞は分校だよね」

きょうはどういう日か、病棟や分校で教えられていた。それを繰り返している。沢木は、幼稚園も知らず、友だちひとり作ったことのない子どもを、きょうの入学式に連れていくのだと痛感していた。

本校の校庭は、子どもたちと付き添いで混雑していた。それを見た舞の顔が凍りついた。何をどうすればいいのか、ひとつとしてわからない。立ちつくし、全身を緊張させた。

「舞ちゃんは分校の生徒だから、入学式が終わったら帰ろうね！」

沢木は、舞の両肩に手をかけ、そう言った。いっしょに帰ろう、と伝えることしか、安心させる言葉が見つからなかった。

入学式では、舞は、言われたところに言われたように立ちつくしていた。泣きだすのではないかと心配したが、歩きだすことも、声を出すこともしない。入院の日に見せたという、従順すぎるほどの従順さだった。

「舞ちゃん、名前を呼ばれたら立つのよ。ハイって、返事もしてね」

学校側の配慮で、沢木は舞のすぐうしろに立っていた。呼ばれるタイミングを見て、そっと耳打ちをする。沢木は、舞といっしょに緊張していた自分に気づいて、大きく息を吐き出した。

式が終わるやいなや、舞は、駆け足で沢木に抱きついてきた。

「私の先生だよね。私の先生」

座り込んで受け止めると、舞の体が燃えるように熱かった。

「だいじょうぶ。だいじょうぶよ、舞ちゃん。先生、どこにも行かないよ。さあ、あすなろに帰ろう」

舞がこんなにもがんばっていたのかと、沢木は思わずにはいられなかった。生まれてからの閉ざされた生活は、舞にとっては日常だったかもしれないのだ。この日は、自分は何者なのか、どこに行くのかをさがさなければならない、困難な旅の始まりだと言えた。

翌日から、分校での授業が始まった。

病棟から裏庭に出て、背の高い木々の間を抜けると、三分ほどで分校に着く。白壁の二階建てで、一階は小学生が使い、二階は中学校の分校になっている。

小学校分校の職員は、教頭と教師で六名。午前中四時間で終了するクラスと、六時間のクラスがある。授業の規定は基本的には本校とほとんど変わらない。授業科目は算数、国語、理科、社会、体育、道徳、図工、音楽で、一クラスは数人から六人ほどの生徒で構成される。教師ふたりが担任し、入院したばかりの子どもは落ち着くまで二時間授業にするなど、工夫が凝らされることになっている。

それぞれの学力にはばらつきがあったが、どの子どものランドセルにも、自分の学年の教科書がすべて入っていた。使えない教科書は持ってくることはない、と考える職員もいたが、医師たちの意見は違った。子どもたちは、自分が持つべき教科書を持っていくことで自尊心を支えられる。ほかの友人たちと同じであり、大切にされている自分であると思える環境を作るべきだという意見だった。

舞は、叔母が用意してくれた茶色のズボンと同じ色のトレーナーを着て、登校してきた。

「舞ちゃん、おはよう」

沢木に声をかけられて照れたようにしたが、返事はしない。吉野からは、登校を渋っているという連絡が入っていた。舞にしてみれば、ほかの子どもたちのあとについて、ランドセルを背負ってやってきただけのことだ。通学して勉強をする、ということが理解できない。

「おはようございます」

　やはり登校をぐずったという紘太朗《こうたろう》が、大きな声で沢木にあいさつした。身長があり、がっしりしている。そのうしろに、奈津子《なつこ》が不機嫌な顔で立っている。ふたりは舞より一学年上だった。

　沢木は、市内の小学校から分校に異動してきた教師だった。意志の強さを感じさせる目としっかりした語り口で、周囲を注目させる魅力を持っている。四〇代前半で、若くシャープな印象の顔立ちをしていた。沢木があすなろ学園への異動を志望したとき、本校では反対する声が多かった。入院患者のための小さな小学校に行かなくても、今のままでよいではないか、と同僚たちは言った。だが沢木は、居ても立ってもいられない気持ちに背中を押されていた。

　彼女は、教え子たちが年々変化していることに、教師として強い危機感を募らせていた。不登校や授業中にじっとしていられないなどの子どもに、学習障害（ＬＤ）、注意欠陥多動性障害（ＡＤＨＤ）などと病名をつけてメディアが取り上げると、教員室でも頻繁に話題になった。子育てに苦悩する養育者が子ども虐待を起こす件数も急増し、現場の教師は、変化する子どもとその家庭に対応する専門性を身につけなければならないと、強く思わないわけにはいかなかった。

　教員資格を得るまでの教育課程で、発達心理学や児童精神医学、家族の病理に関して学ぶ機会はあまりない。多くの教師は、問題が起こるとそれまでの経験の積み重ねから工夫し、対応していた。たとえば、自分の行動にブレーキをかけることが苦手な子どもたちは、エネルギーを消耗させるといいと考えた教師がいた。そして、徹底的に運動させた。だがそれは逆効果で、状況はさらに悪化してしまった。

また、虐待を察知しても、ひとりで抱え込み、解決できないこともあった。熱心な教師であればあるほど、子どもたちのためにがんばろうとする。だが、せっかくの努力が正しい力とならず、学級崩壊の誘因になっているケースもあると沢木は感じていた。

あすなろ学園を選んだのは、高いレベルの知識を吸収し、ひとりひとりの子どもに合う適切な教育法を考え出す力をつけたかったからだった。すでに本校の同僚たちとは勉強会を何度も開いていた。同じ気持ちを共有し、教育現場での理解者を増やしていきたかった。

沢木は、着任早々から、あすなろ学園の病棟カンファレンスにまめに通った。分校教師で病院に深く出入りした例は、それまでにはなかった。だが彼女は、病院で働く人たちを知り、治療の内容を理解することからスタート地点に立ちたかった。沢木の意気込みを、病院関係者が受けいれるのに時間はいらなかった。

舞がやって来たとき、沢木は、着任四年目に入っていた。

クラスメートのけんか

舞のクラスは、二年生になった紘太朗と奈津子と三人でスタートした。分校は、退院する子どもも、入院してくる子どもをいつでも受けいれられるようになっていて、一年を通じて人数には変動がある。

「きょうはね、これから何をしていきたいか、みんなに聞きたいと思います」

新学期の初めには、子どもたちが好きなこと、やりたいことを聞く。これが沢木のやり方だった。

紘太朗が、いったん立ち上がり、また座った。じっとしているのが苦手で、両親が相談したのをきっかけに、半年ほど入院している。

「ぼくはね！」

大きな声で、元気がいい。

「算数は嫌い！　しりとりゲームが好き！　体育も好き！」

少し緊張すると力が入りすぎて、消しゴムでテスト用紙を破ってしまうこともあり、落ち着けるように、適度な力加減を身につけられるようにと病棟や分校では接していた。

地元の学校では、授業中歩き回ったということだったが、分校に来てずいぶん落ち着いた。沢木は、紘太朗が自分の力でできる課題を選び、興味が持てるよう、飽きないように組み立てていた。彼が話すことや行動のひとつひとつに、細やかに返事をし、ちゃんとあなたを見ているよ、と伝えることも忘れなかった。

奈津子は、気に入らないことを言われるとカッとなって手が出る。地元の小学校でほかの子どもたちと何度かトラブルを起こし、やはり両親が心配して入院させていた。分校の教師たちは、怒りを出す刺激を断ち、安定し自信を持てる自分を見つけられるように関わっていた。

「なっちゃんはどう？」

「べつに」

「そう？　じゃ、何か思いついたら言ってね」

奈津子は国語の教科書をすらすらと読んだ。学力的にはあまり心配はない。だが、生活や心の中に勝手に大人が入り込まないよう防衛している。沢木は、その見えない境界線を心得ていた。奈津子に接するときには、まず意見を聞く。無理強いはしない。少しずつ働きかけ、奈津子のペースを尊重することが、自分は大事にされている、落ち着いた感情のままでよいのだ、という自信を育てることにつながった。

「舞ちゃんは、何がしたい？」

好きなこと、嫌いなことが言えるかどうか、沢木は観察した。

「歩くのは嫌いです。ピクニック、歩くの、イヤです」

どうやら、数日後にピクニックがあることを、病棟で聞いてきたようだった。

「ぼくは、行くよ！」

紘太朗が立ち上がる。紘太朗は、外に出る行事が大好きだった。

「楽しいよねぇ、ピクニックって。なっちゃんも行く？」

「わかんないよ」

病棟でも、参加するか、拒否するか、この決定を奈津子に任せているはずだった。

この日の昼休み、ちょっとした事件が起こった。

「紘太朗、許さないから！　私のことなんか、誰もわかってくれない。誰も信じられない。家に帰る。分校なんか嫌いだ。お母さん！　お母さん！」

奈津子が、紘太朗ともみ合った。紘太朗が「あなた女じゃないでしょ、男みたいだ」と言い、収拾がつかなくなった。好きなアニメのキャラクターなどについて話していたらしかった。

けがをする恐れがあったので、沢木は奈津子を背後から抱え込んだ。子どもとはいえ、全身の力は強い。沢木は座り込んで、落ち着くのを待った。

「紘太朗くん、相手を傷つけるようなことを言ってはいけないのよ」

「奈津子だって、ぼくを叩《たた》いたでしょ。なんでぼくだけ怒られるんだ」

沢木は強く言い聞かせるが、紘太朗も負けない。自分の言葉が相手を傷つけたということを認めない。その間に、奈津子は外に飛び出し、となりの教室にいた教師があとを追った。

舞は、この騒ぎを、遠くから顔を引きつらせて見ていた。

結局、病棟にいったん連れていかれた紘太朗は、担当の保育士に意見されて反省し、分校に戻ってきた。奈津子もまもなく戻った。

沢木は、舞に話しかけた。

「さっきは、紘太朗くんが奈津子ちゃんに意地悪をしたので、先生は叱ったの。でも、いつも叱っているわけじゃないのよ。先生は、みんながよくないことをしたときには叱るけど、普段は仲よくしているの」

沢木は、ふたりに、舞の目の前で仲直りをさせた。紘太朗が謝ったので、奈津子は機嫌を直していた。

だが舞は黙り込み、教師とクラスメートをじっと見ていた。その表情は、大人は親と同じように理不尽に怒りだすもの、けんかはいつ再燃するかわからないもの、そう身がまえているように見えた。

「わたしは、ばかです」

翌日、沢木は、みんなが仲直りしたことをもう一度伝えたあと、塗り絵の課題を取り出した。子どもたちは落ち着きを取り戻していて、授業を進めることができそうだった。絵カードを使って「いぬ」「ばなな」「りんご」といったひらがなを書けるようにすることが目的だが、その前に、題材になるものについて塗り絵で名前や色を覚えさせるつもりだった。

紘太朗と奈津子は、何度もやってきた授業で、すぐに色を塗りだした。奈津子は芸術性に優れていて、濃いところと薄いところを色分けする技も見せる。紘太朗はクレヨンを折らないように気をつけている。

だが舞は、動かなかった。

「舞ちゃん、この絵に色を塗ってみようか？」

カードには、リンゴの輪郭が描《か》いてあった。沢木はクレヨンを持たせようとした。

「これ、なんですか？」

舞が聞いた。

（……クレヨンを、知らない？）

衝撃が、沢木を貫いた。沢木は、何枚かの絵カードを出して、舞の机の上に並べた。

「舞ちゃん、このミカンは何色かな？」

「ミカンの色です」

「このバナナは？」

「バナナの色です」

「じゃあ、これは？」

沢木は、窓辺に置いてあった観葉植物を指さした。

「草の色です」

沢木は、絵本を本棚から持ってくると、舞に見せた。

「舞ちゃん、これ、なーに？」

「花です」

見せた絵は、チューリップだった。

「じゃ、これは？」

「鳥です」

アヒルの絵だった。別の絵本を使ってみると、キリン、ゾウ、ライオンも知らなかった。

その日、舞はクレヨンを初めて手に持ち、紙にこすりつけると色が出るのを喜んだ。

だが、塗り絵の線に沿って塗りつぶすことはできず、描き殴りでしかない。大人といっしょに絵を描いた経験がないことは明白だった。

算数の時間になり、沢木は、別の教材を持ち出して三人の前に並べた。

「違うのはどれ？　同じのはどれ？」

動物や木、果物を印刷したカードを並べてみる。だが、舞は動かない。

「大きいのはどれ？　小さいのはどれ？」

紘太朗と奈津子は、これ、あっち、とカードを取る。だが、舞にはリンゴやミカンの大小がわからなかった。

「多いのはどれ？　少ないのはどれ？」

これも言えない。凍りつくような不安に、沢木は鳥肌が立った。そのときだ。

「わたしは、ばかです」

「え？」

舞は拳を握ると、自分の頭を両手で殴った。

「そんなことない。舞ちゃんはいい子だよ。先生にはわかってる」

沢木は、心をこめて言った。

八方ふさがりの生活で追いつめられたとき、舞はこの言葉を使ったに違いなかった。

入院してからというもの、子どもにはおよそ似つかわしくない「ですます言葉」を舞は使っている。これも、自分の安全を図る大切な表現なのだろう。

舞に差し込む淡い光

この日から、沢木の授業は、舞の身振り手振りを理解することから始まった。

「あの、こーして、こんなで、こーするもの」

セロテープを使って、カードをパネルに貼りたい、と訴えたくても、セロテープの名前を知らず、貼るという言葉を知らない。舞が、テープを引っぱる身振りをすれば、それを文章にして、沢木は繰り返し聞かせた。

幸い、言葉はよく出た。沢木の話に割って入って「それ、嫌いです！」「知っています、これ！」と言う。経験していないことは多かったが、話すことが好きで、舞は同じ教室の仲間と会話をすることができた。沢木は、舞にとって言葉は、知らないことを知る大きな武器になり、成長の助けになると信じて進むことにした。

「舞ちゃん、み、のつく文字をさがして、絵を描こう」

沢木は、五月に入っても、舞にひらがなを教えていた。小学生になるまでにひらがなを覚えてしまう子どもが多くなったが、舞には初めて見る文字だ。みかんのみ、りんごのり、頭につく文字から発想させて絵にする、という課題に、沢木はマンツーマンに近い時間を割いていた。

塗り絵は一ヵ月ほどでうまくなった。線画は手本の絵があれば似たような動物を描けるようになり、楽しそうにする。

そして、できることが増えるにつれて、ですます言葉があいまいになり、イヤだ、が口癖になった。

「イヤだ、イヤだよー。プリンの絵が描きたい！　ぷりんのぷ、だよー」

自分を出してもいい安全な場所にいる。ようやく、そう感じられたようだった。

しかし、乗り越えさせたい課題はいくらでもあった。

工作をしたいが、はさみを使ったことがない。紙を切るには、はさみの使い方を覚えなければならず、丸い部分に指を入れることから教えた。糊《のり》も知らず、沢木が舞の前で紙に塗って、貼りつけて、形にしてみせた。

あるとき、農家にニワトリを見に行った。沢木は、動物のものまねを課題にしていた。鳴き声を音声化し、動きを動作化してみる授業である。

「どう鳴いている？」

沢木が聞くと、ほかのふたりはコケコッコー、と即座にまねてみせた。だが、舞にはなんのことかわからない。

「ニワトリのまねをしてみましょう」

沢木が言えば、ふたりはすぐに両手をうしろに引いて、コケコッコーと鳴きながら歩く。だが、舞はどうしていいかわからない。

じゃんけんも知らなかった。しりとりを始める順番を決めようとして、紘太朗と奈津子が手を前に差し出したが、舞はきょとんとしていた。グーは石、チョキははさみ、パーは紙、紙ははさみで切れ、石ははさみで切れない。その理屈を、沢木は石とはさみと紙を机の上に並べて教えた。

深刻な状況にあることは、誰の目から見ても、明白だった。しかし沢木は、舞に差し込む淡い光を見出《みいだ》していた。舞は、ほめられることをとても喜んだ。ニワトリを知ってからは、一生懸命にニワトリを表現しようとした。指の形を整えてじゃんけんをしようとがんばった。覚え、進むことを喜んだ。

(誰も経験したことがない過酷な環境を、舞ちゃんは跳ね返す力を持っている)

沢木はそう信じた。プロの教師として、伸ばせるところまで伸ばしたいと思わずにはいられなかった。

母子の心は通じるか

児童相談所には、母親の美由紀が何度も来て、娘に会う権利があると主張していた。

あすなろ学園にも、二度訪ねてきた。舞の入院二ヵ月目のカンファレンスでは、母子が心を通わせることができるのかに関心が集まっていた。

谷が、前回同様に、A４紙にまとめた資料を配付した。

「私たちには、六年間外界から閉ざされた子どもに、あすなろ学園としていかに立ち向かうか、という難しい課題が与えられてきました。当初、未知の部分が多かったわけですが、病棟、分校で、舞ちゃんとの関わりが深まり、医学的な判断ができる部分と、これからの成長に期待する面に分けて考えられるようになってきました。お手元に配付した資料に、入院して二ヵ月のアセスメントと今後についてメモしました」

アセスメントは、六項目にわたっていた。

「ご存じのように、お母さんが舞ちゃんに会いたいと言ってこられています。そこで、現在のところ安全は確保されているが今後の方向性をどうするか、という点もあげてあります」

これまでの入院経過から、課題は増える一方だった。

「学力は三、四歳程度、基本的生活習慣の遅れは改善してきました。ただ、自己評価の低下、自我機能、これは自己表現能力、対人関係の取り方などですが、問題があります。また、心的外傷・記憶への処理をどうするか。そして、もうひとつ最重要な課題ですが、お母さん自身への積極的なアプローチが必要になってきました」

小さな会議室がざわついた。学力の遅れが検査によって明らかになった。そして、「心的外傷」が指摘された。虐待による深い心の傷は、後々まで子どもを苦しめる心的外傷後ストレス障害（ＰＴＳＤ）ともなる。阪神・淡路大震災でその名を知られるようになったのだが、地震と違うのは、多くが、長期間、繰り返し虐待を受け続けている点だ。

谷が続ける。

「今後、舞ちゃんをどこまで回復させることができるのか。また、退院後の生活をどう視野に入れたらいいのか。難しい判断を迫られていますし、解決を求められていると考えます。そこで戸倉先生とも検討し、今後の治療方針を四点に絞りました」

具体的に舞の退院後の居場所や親権者を固めていく、分校の担任や病棟職員と協力しながら二週間に一度くらいの割合で学習面のチェックを繰り返す、依存し甘えられる人物を作り基本的信頼感を獲得させるように努めていく、家族再統合を目指して母親への治療的アプローチを具体的に検討する、と谷は箇条書きを読んだ。

臨床心理士が、難しい顔をした。

「谷先生、お母さんにあすなろ学園でカウンセリングを受けるモチベーションがあるでしょうか？　ぼくは、どうも、こちらのプランに乗ってこないように思えますが……」

このモチベーションとは、受診や継続への動機づけのことで、これなしに、治療の現場に通ってもらうことは難しい。虐待する親は、それをしつけだと考えていることも多く、有識者の間では、法律で治療やカウンセリングを義務づけるべきだという議論が続いている。

「いや、そんなこともないでしょう」

成り行きを見ていた戸倉が、柔らかい笑顔を見せた。

戸倉が美由紀に会ったのは、舞が入院する前日だった。そのときの会話を鮮明に覚えていた。

「舞ちゃんは、叔母さんの家に落ち着いたあと、赤ちゃん返りをして、歩けなくなってしまいました。食べることもひとりでできない状況です。急な変化が起こっていますから、あした、あすなろ学園に入院させる予定です。この経過をお母さんに理解していただきたいのです」

「何を理解しろと言うのです。舞には、苦労してきました。本当に難しい子で、なつかないし。だいいち、わかっているのでしょう？　育ちが遅れているんですよ。尊志とはぜんぜん違う。外に出せるようになるまで、家の中で育てていただけです！」

美由紀は、食堂の椅子から立ち上がりそうだった。拳を強く握りしめていた。

「ご苦労があったんですよね。ご苦労されたと思います……」

戸倉は、何度か同じ言葉をかけた。

戸倉がこれまで出会った親たちは、一生懸命に子育てをしようとして、なかなかうまくいかず苦しんでいた。子ども虐待だと周囲が考える事例でも、理由がある場合が多い。美由紀が、自分は一生懸命に舞を育ててきたと主張していることを、戸倉は受け止めたのだった。

「思うようにいかないことがいろいろとあったと思います。ただ、舞ちゃんを放っておけない状態です。遅れているとおっしゃいますが、私たち医者にしっかりと診させてください。あすなろ学園で預かり、小学校の分校に通わせて、そして地域の学校に戻れるか判断してはいかがでしょうか？」

「小学校？　学校に行けるって言うの？」

美由紀は、ごく普通の親のように声をあげた。いっしょに考えることができる。このとき、確信に近いものを得ていた。

戸倉は、その様子をカンファレンスの参加者に伝えた。

「三月末からこれまでの間、舞ちゃんの安全と安心感を培うために、面会を禁止してきました。でも、面会の機会を作らなければ、親子は先に進めないでしょう。また、会う場面を作ると言えば、お母さんは来てくれるような気がします。以前お目にかかっていますから、私が担当になってやってみましょう」

こうして、戸倉が母親のカウンセリングを受け持つことが決まった。

愛着関係を作るということ

座が落ち着くと、谷は、舞の最近の様子について、保育士の吉野に意見を求めた。

「とても難しい状況にあると思います。家族との生活の中で自然に身につくはずのトイレ、服の着替え、洗顔、洗髪、歯みがき、などができなくて、あげればきりがないくらいです。表面上は、とてもいい子です。大人には礼儀正しく、とても気を遣います。でも、何をするにも自信がなく、社会性が未熟で、対人関係がうまくできません。反面、最近、少し弱い者いじめが出てきたので、そろそろ自分を出し始めたのではないかと。今後、舞ちゃんがいろいろなことを覚えて自信をつけ、友だちを作って幸せに生きていくために、この治療プランが土台になってくれると思います」

病棟の責任者である看護師長が、手を挙げた。

「その点についてですが。戸倉先生に同席していただいて、午前中に、吉野さんや病棟の看護師たちと意見交換をしました。愛着を結べる対象を病棟にいるうちに作れることは何より重要なことですので、職員との固定的な関係を保てるようにすることで、対人関係の改善を図ることにしていきます。経過はまとめて、後日、報告するようにいたします」

看護師長の発言が終わると、吉野が、意を決したように口を開いた。

「あの、確認しておきたいことがあるのですが。舞ちゃんは、退院後は児童養護施設に行かせなければならないでしょうか。もしもそういうことになるとしたら、保育士たちがかわいがり、しっかり愛着ができても、また引き離されることになります。あすなろ学園は生活する施設ではありませんから、育て上げられません。入院したことでホッとして、信頼できる大人ができても別れなければならない。愛着関係を作っておきながら、それはかわいそうです。虐待を受けた子なら、ここに長く置かず、好きな人ができる前に児童養護施設に行かせるのが舞ちゃんのためになりませんか？」

吉野には、切実な思いがあった。舞をもう一度捨てるようなことだけはしたくなかった。

「そういうことでもないのです」

戸倉が、すぐに返事をし、吉野を励ますように見た。

「愛着関係を作る、ということは、人と人との関係が一時的なことでなくなる、ということなのです。得られるはずだった育ちの分だけあすなろ学園で丁寧に育てて、しっかり愛着体験をさせて基礎を作り、そのうえで児童養護施設などに送り出したときには、決して見捨てられたことにはなりません。それは、新しい対人関係の始まりになるのだと考えていきましょう」

虐待を受けた子どもは、無条件で自分を愛してくれるはずの親から存在を否定され、人を信じ、自分を大事にできる基盤を作れない。その信頼関係を、あすなろ学園にいる間に作ろうとしてきた。吉野が母親のように心を寄せ、心配をする温もりは、舞に伝わっているはずだった。

次に谷は、沢木に意見を求めた。生まれてからのすべてを閉ざされた子どもへの教育を、沢木は根気よく続けていた。

「学校現場としては、さまざまなことを経験する機会を持てなかったことが、今の遅れを引き起こしていると考えています。いろいろなことを見て、知り、そこから学ぶという、根本的な流れがトレーニングされていません。知らないことがありすぎます。臨床心理士の方からは、社会生活をしておらず、見る学習の積み重ねがない結果、目で見て学習する力が育っていないと報告されていますし」

沢木は、授業記録に目を落とした。

「慣れない学校で感情が混乱するかと思いましたが、予想していたよりもいいようです。が、ここのところ、子ども同士のやりとりで怒りだす場面があります。ひらがなを書き写す学習で、できないとかんしゃくを起こしますし。でも、言って聞かせると落ち着きますので、対応できる範囲内です。私の印象ですが、耳からの情報処理は、同年齢の子どもたちと遜色ないように思います。読み聞かせてあげると、けっこう理解できます。

言葉は達者で、同じ教室のほかのふたりの子どもと口げんかもします」

それを聞いていた戸倉が話を引き取った。

「あの過酷な環境にあった子どもが、なぜ言葉をよく使えるのか。その説明が難しいように思えますが、じつは謎解きができます。答えは、お兄ちゃんの存在です。私も、疑問だったのです。テレビを見たことがなく、草花や動物を知らないのに、なぜ言葉をよく使えるのか。でも、舞ちゃんには、彼女を命がけで守ろうとしたお兄さんがいました。おそらく、お母さんが留守のときに、舞ちゃんとよく話していたのでしょう。お母さんと約束しているから、外には連れ出せない。でも、外に連れ出せなくても、話はできる」

いたずらっぽく、戸倉は参加者の顔を見た。

「では、発達についてですが」

谷が、テーマを絞り込んだ。

「保健所での健診は受けていません。今となってはお母さんの話から考えるしかないのですが。発語が遅く、歩きだすのも遅く、よく転んだとおっしゃっていますから、赤ちゃんの頃、多少、ほかの子どもに比べて発達のスピードが遅かった可能性を考えています。しかし、周囲から隔絶された六年間が、発達に影響したことも考えられるわけです。どこまで回復できるのか、あすなろ学園にいる間にできるだけの判断をするつもりです」

誰かが、深いため息をついた。

「虐待を受けた子どもの心の治療、社会に出ていくための支援体制作りは、病院や生活をしていく施設のすべてに求められています。あすなろ学園は、子どものための病院であるからこそ、私たちの役割をしっかりできなければと思っています。その中でも、舞ちゃんのような子どもにどういう教育をしていくかは、ぜひとも足元を固めたい部分です。沢木先生には、分校での教育について、意見をまとめてくださるようにお願いします」

戸倉が言うと、沢木はしっかりと見つめ返した。

「学校の主要な仕事は学習、学力をつけることです。基本的には、子ども自身は、学校に来たいものです。やってきて、そしてプリントができ、ひらがなや漢字が読めるようになり、それが大変な自信になります。そのことなしに、子どもと仲良しごっこをしても意味がない。子どもたちが、自分にはできることがあり、ほかのみんなと同じようにできた、という達成感を持てること。そして、社会性の面では、がまんができたとか、最後までいられた、という自信をつけていくことを私は目指したいと考えています」

舞は、きっと新しいスタートを切ることができるだろう。参加者は、沢木の言葉に大きな希望を見つけていた。

母親へのカウンセリング

カンファレンスの数日後、戸倉は、舞の母親、美由紀に電話をした。

「三月末に、児童相談所といっしょに伺いました戸倉です。舞ちゃんが入院して二ヵ月経《た》ちました。あすなろ学園でどんなふうに暮らしているのかお伝えしたいですし、これからのことをお母さんといっしょに考えたいと思っています。よろしかったら、あすなろ学園までお越し願えませんか？」

「病院に？」

電話の向こうから、面食らった様子が伝わってきた。だが、戸倉のことは覚えていた。

「はい。舞ちゃんは学園内の小学校に通い始めました。勉強の様子もお知らせしたいですから……」

「本当に通っているのですか？　毎日？　舞が勉強をしているのですか？」

「そういったことをお母さんとお話ししたいのです」

「……行ったら、面会できますか？」

「いいえ、舞ちゃんのことは、もう少し様子を見たいので、今回は面会できません。ですが、それもお母さんとお話ししながら考えていかないといけませんよね」

戸倉が大事に考えたのは、美由紀が舞に一日一回の食事をさせていたことだった。頻繁ではないが風呂にも入れていた。確かに、外出させず、テレビも見せず、電気もつけさせなかったことは重大だ。しかし、子育てを放棄しているかに見えて、養育行動もある。そこに視点をしっかり置かないと、今回の事例は理解できない。

訪問をした日、玄関や居間はきれいに片づいていた。今も電話の受け答えは、しっかりしていた。

面接が実現したのは、六月末の土曜日の夜だった。美由紀は、約束の時間に三〇分以上遅れてやってきた。心理職の女性が玄関受付で待っていて、来訪はすぐに戸倉に伝わった。児童相談所が、美由紀の送迎を申し出てくれていた。

美由紀は、酒を飲んでいて、面接室に入るなり、娘との面会を許可しない児童相談所とあすなろ学園への批判を始めた。予定時間は六〇分間としてあったが、話らしい話をしたのは、最後のほんの数分で、一方通行だった。だが、徒労に終わったかに見えた面接の、その数分に戸倉は注目した。カウンセリングに進む、確信に近い感触を持ったのである。

「先生、舞は、退院したら小学校に通える？　トイレもちゃんとできないんだよ。何度言ってもだめなんだよー」

酒の勢いを借りていたが、娘のことを心配していた。戸倉個人に対する悪口はなく、あすなろ学園への期待も感じさせた。

「舞ちゃんの様子を見て、面会の機会を探りましょう。だいぶ元気になってきましたよ。それまでの間、舞ちゃんのことをいっしょに考えませんか？　お母さんのご苦労話も聞かせてください」

戸倉は、子どもについての心配を話し合いたい、という思いを共有することで、月一回、二時間の面接の約束を取りつけた。

二回目は、美由紀の都合で七月の日曜日になった。戸倉は休日を返上して出勤したが、この日も、美由紀は酒の匂いをさせていた。母親として子どもに会う権利があると言ってけんか腰になるのを、戸倉は黙って聞いていた。時間には遅れたが、彼女はやってきたのだ。

三回目になると、美由紀は少し落ち着いた表情を見せた。何を言ってもいい場であると感じられた様子だった。

「文字を自由に書くことはまだできないのですが、分校には毎日通っています。これは舞ちゃんが描いた絵です」

戸倉は、分校での舞の様子を細やかに伝えた。

「本当に、毎日？　小学校に行っているのですか？」

戸倉が見せた絵や文字を見て、美由紀は素直に喜んだ。

「舞ちゃんのお兄ちゃんは、どんなお子さんですか？」

「成績がいいんです。頭がいいのは夫譲りで、それにハンサムなんです」

美由紀が笑顔を見せた。彼女にとって、尊志は父親似の大事な息子だということが伝わる笑顔だった。児童相談所では、舞を連れ出した尊志に危害が及ぶような状況になるのではないかと心配していた。だが、美由紀は尊志を休ませずに小学校に通学させていた。体にも傷などは見当たらなかった。

「今度、会わせてくださいね」

戸倉がそう言うと、また美由紀が笑顔になった。

「ところで先生。きょうで三回ここに来ています。そろそろ、舞に会わせてもらえませんか？」

美由紀が、真顔になり、切り出した。

舞の入院から五ヵ月経過していた。これ以上舞との面会を拒否し続けると、ようやくできかけた美由紀との関係が切れそうだった。

（お母さんの心のひだはまだ見えない。しかし、家族再統合できるかどうかを探らねばならない……）

親と子の再統合のために、何をすればいいか。虐待を起こしてしまった親とその子どもが、はたしてふたたびいっしょに暮らすことができるのか。家族に関わる者には、この判断を迫られる。

「そうですね。では、病棟と調整して日を決めましょうね」

親子の面会が、かならずしもふたりをよい方向に向かわせるわけではない。離れていれば、互いの間に時間と空間の距離ができ、ファンタジーが生まれる。親は、子どもはよくなっていて、自分の言うとおりにできるようになっている、といった夢を膨らませる。子どものほうは、お母さんは自分を愛してくれる、きっと変わってくれている、と空想する。だが、実際に会えば、現実があまり変わらないことを突きつけられる。

しかし、戸倉は面会を決断した。今あすなろ学園にできることは、舞への治療と並行して、美由紀へのカウンセリングを続けることだった。

母と子の再会の日

面会の日、病棟に現れた母親を見た舞は、ものも言わずに、じりじりとあとずさりを始めた。舞のそばには吉野がいて、反応を見守っていた。戸倉と谷は、母親の近くに立っていた。

母親が面会にくることは、数日前から医師や看護師たちから何度となく舞に伝えてあった。

「舞ちゃん、あしたね、お母さんが会いにきてくれるよ。よかったねー」

吉野が前夜にそう伝えたとき、舞は、返事をせずに絵を描いていた。ちゃんと聞いているが反応しない、という感じだった。

「舞！」

美由紀が近づいていくと、舞は棒立ちになった。

「元気だった？　学校に通っているんだって？」

話しかけると、舞の口もとが奇妙に歪んだ。

「……お母さん。舞のこと、忘れていたの？」

戸倉が、わずかに表情を動かした。

「忘れていないよ。毎日、舞のことを考えているからね」

「……うん」

舞が母親を待ちわびていたように思える会話だった。美由紀は顔をほころばす。その日、デイルームと病棟を行き来しながら、母子は数時間いっしょにいた。

「ふう、どうなるかと思いました。舞ちゃん、母親の気配を探っていましたねぇ」

美由紀を見送った谷が、医局に戻ると戸倉に言った。

母親を玄関まで見送った舞は、無表情だった。入院中の子どもは、別れ難さに泣くことが多い。だが、これで終わってよかった、という安堵感《あんどかん》すら感じさせた。吉野にさよならを促され、やっとバイバイと言ったのだった。

「お母さんと会うのが怖い、いつ、どう変わるかわからない、そう思っていたんでしょうねぇ」

「にもかかわらず、舞のこと、忘れていたの、と言ったときには、さすがに胸を突かれました」

谷もまた、あの言葉にこだわっていた。

「そう、親を慕う子どもの気持ちには、最大限の配慮がいるわ。なんとか愛されたい、いい子にしていればきっと愛してくれると思っているから。あれは、舞ちゃんの複雑な気持ちが出たのだと言える。親を嫌いだと言いきる子どもはそんなにはいないと思う」

今の舞には、悪い母親像しか存在しない。そのイメージを、悪いところと良いところを持ち合わせた母親像に修正したかった。そして舞自身にも、悪い自分ばかりでなく、良い自分もいるのだというバランスの取れた自己像を作りたかった。

「二次的な心の傷を作らないように、注意深く親子面会を続けてみましょう」

戸倉が言う。

会いたいと言い張った美由紀だが、心から舞を抱きしめたようには見えなかった。まだ、カウンセリングをしていると言えるところまでいっていないが、舞を理解し、接し方を変えられるような働きかけをしなければならなかった。

無力な世界からの回復

沢木が奮闘していた。

この子どもは、こうすれば離席せず授業を受けられる、というポイントを早く見つけることが、沢木が求める教師としての専門性だった。ひとりひとりの子どもが、自分にできることを見つけ、自信を持てるようにする。それを彼女は目指した。

夏休み前に、美咲《みさき》が舞のクラスに入った。この四月に地元の小学校一年生になったが、不登校になり、その原因に学習することを阻害してしまう症状があると診断されたためだった。体は健康で、身のまわりのことはできた。舞と同じくらいの背格好で、もの静かだった。

沢木は、美咲には、文章の行が飛んで見えることにすぐに気づいた。医師からも検査結果が知らされ、印刷物を拡大して読めるように教材を変えた。一段落だけちゃんと読もうね、と言うと、美咲はがんばれた。小学校では、きちんと授業を受けないと教師に注意され、なぜ叱られるのかわからずパニックになり、ときどき過呼吸になることもあったという。

分校では、洋服の袖やえんぴつ、ノート、なんでも嚙《か》んでしまう癖が続いていた。だが、沢木は何も言わなかった。どうして言われたことができないのかわからない。美咲は精一杯がまんしているのだと、谷から説明されていたからだ。

紘太朗は漢字を読むのが苦手で、わからないと席を立ってしまう。沢木は、その日に使う教材のすべてにふりがなをふった。読むことができると、次にやることが展望でき、大きな声を出さずに落ち着いていられる。できることが重なることで、授業を継続して受ける力を培ってきていた。今では、多少立ったり座ったりする程度で、動きたい衝動を抑えられるようになった。それに歩調を合わせるように、えんぴつを折ったり、紙を破ったりする回数が減っていた。

奈津子は読み書きが得意なので、自信が持てるよう教科書をそのまま使った。奈津子が声を出して読み、皆が聞く。それを繰り返した。奈津子が苦手なのは競争関係で、葛藤が大きくなる。大切な人との関係を壊さないよう、自分を大切にするよう、沢木はまず大人との一対一の関係を作った。その安定した対人関係の中で、怒らずに話すこと、落ち着いて行動できる体験を積み重ねるようにした。ほかの授業でも、得意な部分を伸ばし、自信が持てるように工夫した。そうすることで、カッとなってしまうあなたは本来のあなたじゃない、と教えていった。

また沢木は、毎時間プリントを作って、ある子どもにはひとりでできるメニューを、別の子どもには少し手伝えばできる内容を、また別の子どもには解答が難しい部分に答えを書き込んだプリントを用意した。

ノートにきちんと書こうという枠をはめると学習が足踏みする。漢字を書ける子どもには書かせ、書けない子どもにはカードを選んでもらって机に置くだけでもよしとした。問題によっては、解答を三つ用意して選べるようにし、それぞれが達成感を得られる工夫も忘れなかった。

沢木は一〇〇円ショップでよく目撃され、分校の同僚の笑い話のタネになった。（もうちょっとがんばらせたい、退院するまでにもうちょっと）

何か授業に使えないかと、店内を見て回る。あるときには、ホワイトボードを買い占めて、店員を驚かせた。漢字が書けない子どもに、漢字のカードを見せてから、ホワイトボードに書き写させてみようと考えたのだった。授業で使ってみると、何度も繰り返していくうちに、子どもたちが覚える漢字が増えていった。

授業中に席を立つ子どもがいて、教師を困らせるというニュースをよく聞いたが、沢木の授業では、子どもたちは立ち上がらなくなる。その子どもの特徴をよく知り、比較的得意なものを、テンポよく展開する授業をすることがコツだった。

授業の三分の一は、お楽しみ課題の時間にした。子どもたちが熱中したのは、しりとりだ。誰が、いつ、どこで、何をすると話を作るのだが、クラスがひとつのことに集中する練習になり、それぞれの言葉に注意深く聞き入る訓練にもなった。算数であれば、最後はトランプで、簡単なゲームをした。

こうした積み重ねで、子どもたちは、少しずつ変化を見せた。

七月に入って、舞の口癖は「できるよ」「だいじょうぶ」になった。

「みんな、毎日日記を書いているでしょう？　言葉のノートを机の上に出して、先生に見せてください」

子どもたちは何冊かノートを持っている。言葉のノートの表紙には、ウサギの写真が印刷されている。これを机の中から出すことが、以前の舞にはできなかった。ノート、ウサギの写真、それらの意味がつながらなかったのである。

「これ？　これ？　これ？」

最後には全部のノートが机に並んでしまう。

ところが、七月に入ると様子が変わった。国語の授業で使う言葉のノート、が意味づけられて、となりの子どもが出したノートをちらりと見て、合っているのを確認して机に出すようになったのだ。

「これだよー、これ、だいじょうぶ」

笑顔を見せる。避けていた目線も、いつの間にか、しっかりと合うようになっていた。

ひらがなを覚えるのは、沢木との根比べになった。

まず沢木がリンゴを描いた絵カードを机の上に置く。横にはひらがなで「りん」まで書いてある。

「これは何？」

「リンゴ！」

入院したときには、リンゴもミカンもわからなかった。今は果物の名前はわかるようになった。

「じゃ、りん、のあとに何をつけるとりんごになるかな？」

「…………」

文字カードは前もって机に並べてあるが「ご」をつけると「りんご」になることがわからない。

文字と絵カードを合わせることが難しい。沢木は、毎日、この学習を続けた。

「あ、がつく言葉を言いましょう」

以前は、この質問の意味が理解できなかったが、次第に、あいすくりーむ、あかちゃん、など、五、六枚は絵カードを取れるようになっていった。

沢木は、生まれてから今までの舞の経験不足を思わないわけにはいかなかった。目でとらえて、意味のある情報にする。それが難しいのだ。

沢木は、一〇〇円ショップで、磁石で魚釣りをするゲームを見つけて買った。そして、授業に持ち込んだ。

「やらせて、やらせて！」

子どもたちが、それぞれ、夢中になって釣り上げる。だが、舞には難しかった。魚に焦点を当てて、釣り糸の先の磁石を魚の頭に寄せることができない。持ち前の負けん気で、毎日、毎日、舞は魚釣りを続けた。

「先生、魚釣りゲームをやろうよ！」

国語の授業のうち一〇分間は、毎日、このゲームになった。そして、少しずつ、舞は確実に魚が釣れるようになっていった。

「釣れたよー、できたー」

小さな自信が笑顔に満ちる。無力な世界からの回復を、舞は繰り返し体験する必要があった。

人が生きていく大事な基盤は、自尊心である。だが、つらい環境に自分を曲げて適応させてきた舞には、それが育っていない。なにごとにも自信がなく、迷い、不安がる。生活面でも、学校でも、達成感を味わい、自分にはさまざまなことができるのだという経験を積み重ねることが大事だった。児童精神科医たちの興味も、分校での教育の成果に集まっていた。どこまで回復するのかは、舞のこれからを左右することだった。

沢木は、国語の授業の最後には、かならず物語を読んで聞かせた。舞は『きかんしゃトーマスとなかまたち』の絵本が好きで、読み聞かせる沢木のそばに座り込んで、絵本をのぞき込む。すべてひらがなで書いてある絵本だが、読むことはできない。聞いていて、ストーリーは全部覚えてしまっているから、トーマスが危険な目にあう前になると体を緊張させたりしていた。

　絵本を読んでいると、舞は自然に沢木の腕や肩に触った。沢木の存在に安心していることが伝わった。

心の奥の恐怖心

　だが、舞の対人関係は、まだ不安定だった。

「先生、来て、舞ちゃんが大変、大変！」

　分校の休み時間に、紘太朗が血相を変えて飛んできた。沢木と居合わせた教師が走っていくと、舞の上に六年生の男子が馬乗りになって、声を荒らげている。

　止めに入ろうとした沢木は、一瞬、立ちすくんだ。舞は、全身を硬直させ、恐怖で金縛りになっていた。沢木を見ても助けを求めない。

「やめなさい！」

　沢木は、低く太い声を出し、双方を分けた。分校には六年生までの上級生がいる。ささいな会話から、上級生がかっとなったようだった。

舞が抱える闇の深さを思わせるエピソードには事欠かない。

「寒いなぁ、ここは」

体育館で、運動会の練習をしていた女子の上級生がそう言ったとき、舞はさっと自分の上着を脱いだ。

「これ、どうぞ」

間髪《かんはつ》をいれず、着せかけたのである。

分校の生徒たちが近くの小高い山に遠足に出かけたときにも「気遣い」は発揮された。弁当の箸を忘れた女子の上級生に、迷わず、自分の弁当の割り箸を差し出したのである。まだ、舞は自分の弁当を食べ始めていなかった。

「お箸をあげちゃったら、舞ちゃんがお弁当を食べられなくなっちゃうじゃないの？」

沢木は、舞に聞いたが、差し出した割り箸を引っ込めない。

「だけど、これで食べてください」

「舞ちゃん、よく相手のことを考えてくれたわね。ありがとう。そうだ、じゃあ、先生のお箸を貸しましょう。舞ちゃんは自分のを使ってね」

沢木は、舞の気持ちだけ評価し、その行為を封じた。

（虐待を受けた子どもは、ときとして強い者に媚《こ》び、わが身を差し出す自己犠牲をいとわない……）

この病理を知らないと、おおげさに舞の行動をよいものとしてほめることになる。だがそれは、心の回復にはつながらない。最低限満足させ、でも、こうしようと提案することで、回復の方向性を見失わないようにしなければいけなかった。

一方、保育士の吉野も、病棟で奮闘していた。

舞に、排泄の習慣がなかなかつかなかった。

「お尻がむずむずして、おなかがしくしくしたら、すぐに看護師さんや私に言ってね」

最初のうちはそう言っていたが、うまくいかずに、トイレや下着を汚してしまう。

「パンツが汚れたら気持ち悪い？　気持ち悪いと気分がよくなくなっちゃうから、先に教えてね」

表現を変えて挑戦した。

「トイレに行きたくなったら、いっしょに行くからね」

この言葉には舞が反応した。下着は汚してしまうけれど、いっしょに行こうと言ってくれるようにはなった。排泄を管理できるようになれば、お尻を拭くことを覚えなければならなかった。

洋服をひとりで着ようとする意欲は充分だが、ボタンをかけられない。指先を動かす訓練ができておらず、ボタンを穴に引っかけて通すという作業がなかなかできないのだ。ジャンパーのファスナーを閉めることも覚えなければならなかった。

「舞ちゃん、これを着ていこうね」

さりげなく、ファスナーがついた洋服を着せる。時間がかかっても、吉野は見守った。そして、達成したらほめた。

「できたよー」

うまくできれば、舞は喜びの声をあげる。

歯みがきは、朝と寝る前によくやった。だが、洗顔はいやがった。シャンプーを嫌うのと同じで、目をつぶるのを極端に警戒する。舞の心の奥の恐怖心につながっていると判断して、顔はタオルで拭くことも併用した。

指先の細かな作業は苦手だったが、運動神経はよく、吉野に希望を持たせた。子どもたちが縄跳びをしたり、鉄棒にぶら下がったりするのを見よう見まねでする。けっこううまくこなすので、しきりに職員たちがほめると、嬉《うれ》しそうにする。伸ばせる部分を見つけ、自信をつけることが、今の舞には大事だった。

吉野を心配させていたのは、食べ始めると止まらなくなることだった。安心で安全な環境に落ち着いて、食事を制限されていた後遺症が、ようやくその姿を大人たちに見せた。吉野は、いっしょに食事をするようにして、量やペースを毎日の食事の中で教えていた。

病棟は生活の場。家庭で暮らせるように、学校でやっていけるように、と吉野は舞に接していた。わが子は、親を驚かせるほどさまざまなことを吸収し、できるようになっている。舞にも、舞なりにできることを身につけさせたかった。

だが舞は、思うようにできないと、かんしゃくを起こすようになった。「あっちに行け、ばか」と吉野や看護師に暴言を並べる。怒りが高じると自分の頭を両手で殴った。吉野や看護師たちは、そんなときには舞を別の部屋に移し、話を聞いた。場面を変え、環境を変えて、落ち着いたところで、声をかけた。

「どう、気持ちがすっきりした？」

「舞ちゃんは、いらいらした気持ちをそうやって表すんだね」

「つらい気持ちがそうさせたんだよね」

もしも、怒りに翻弄されている最中に、そういう行動をしてはだめと決めつけたら、支配をした大人と同じになってしまう。それだけは避けなければならなかった。内面の感情や気持ちを言語化できればいいが、子どもには難しい。だから、大人が聞いて、代わりに言語化する。この繰り返しには、子どもの心をつかむ繊細な感覚が必要だった。

あすなろ学園の職員たちは、生活の場で何をするべきか、よくわかっていた。信頼関係がないと、子どもは心の奥にしまった怒りを出してこない。心理の治療場面で、意図的に怒りを出させる方法もあるが、病棟という生活の場で怒りが出せるようになることを医師たちも考えていた。そして怒りを出す前に大人にSOSを出せれば、怒りを自分でコントロールできるようになる。

「舞ちゃん、できないときには、看護師さんや私に言いにきて」

それを繰り返すうちに、そばにいる人に助けを求められるようになるのを待った。舞にとっては、つらく長い歴史があった。感情が定まるには時間がいる。誰もがわかっていることだった。

そんなある日曜日の午後、舞が玄関に佇《たたず》んでいた。所在なさそうに、外を見ている。職員から連絡を受けた戸倉が声をかけると、舞は言った。

「私のお母さん、来ない」

あすなろ学園には「親の会」という養育者の会がある。この日は総会で、たくさんの親たちが集まっていた。舞は、母親を待っていた。戸倉は舞に視線を合わせて座った。

「きょうは、お母さん来られないって。また、あとで来てもらおうね」

舞の心の中に、帰るべき場所が形を現し始めているのか。そこに母親の影があるのかと、戸倉は舞の目をのぞき込んだ。

怒りのコントロール

あすなろ学園では、職員が気軽に地域に出ていく。

子どもたちが入院している最中、退院したあと、学校や行政、民生児童委員などと細やかな話し合いをする。医師も例外ではなく、新人がやってくると、病院の中ばかりにいないで、どんどん外に出ていってくださいと言われる。

「家の匂いは、どうでしたか？」

戸倉が、舞の家から帰った谷に聞いた。

家の匂い。あすなろ学園では、よく使われる言葉だ。医師はカルテや聞いた情報から患者を診るが、それだけでは、子どもたちを充分に知ることはできない。想像でなく、子どもを取り囲む環境を実際に知ることが、よりよく治療し、地域に帰すための準備につながる。

谷は、真夏の汗を拭くと、いたずらっぽく笑った。

「戸倉先生、舞ちゃんの大便の意味がわかりました」

「ほほう、そう？」

戸倉は、どんな見つけものをしたの、という表情をした。

「私が訪問したところ、お母さんはとまどった様子で、仕事で忙しいのに、こんなにたびたび訪ねてこないでほしいと言うのです。児童相談所にカウンセリングのサポートをお願いしているので、けっこう連絡に伺っているようなのです。お詫《わ》びしつつ、舞ちゃんのことやお兄ちゃんのことを聞いてきました。その間に気づいたのですが、家が非常に片づいているんです。私の家より、よっぽど」

「あぁ、それは、私も気づいたわ。きれい好きだと思った」

「それです。きれい好き！　お母さんは、舞ちゃんがいかに育てにくい子どもかということを何度も話してくれたのですが、おもな話題は、トイレについてなのです。大便の習慣がつかなくて、苦労して、一時間もトイレに座らせておくことがしょっちゅうで、それでも、だめだったと」

戸倉が、答えに気づき、手を叩いた。

「そう、お母さんがいちばん困ることで、舞ちゃんは抵抗していた。困ること、それは、家を汚すことです！」

谷は、自慢げに胸を張った。

「舞ちゃんも、あの手この手で抵抗してきたのねえ」

「そう考えると、毎日一回だけの食事の謎も解けるように思うのです。大便が出ないように、家を汚さないように、食事は一回！」

ふたりの女医が、謎解きにやっきになっていた点だった。

「ところで、その舞ちゃんなのですが、吉野さんの話によると、最近入院した小一のあゆみちゃんをいじめたり、強圧的に命令したりしているそうです」

谷は、すでにプレイセラピーで、治療的に関わりを始めていた。遊びでは、弱い動物を殴る場面もある。支配する者とされる者、舞を苦しめてきた関係の再現だった。

　虐待を受けた子どもは、理不尽な行為に怒りをためている。幼ければ、言葉に表現できない深い悲しみを伴っている。それらは抑圧されて、心の傷となっている。強大な力に抵抗できず、無力で、親に愛されない自分に自尊心を失ってもいる。その自分を救うためには、私には力があると思える事実を作ることが必要になる。自分を守るための再現行動でもある。

「舞ちゃんが、自分を出せるようになってきたことは、よかったと思う。ただし、怒りの出し方には注意がいるわ。乳児や幼児の怒りの表現は単純よね。イヤだったらわっと泣くでしょう？　少し大きくなってくると知恵が働き始めて、怒りの表現も複雑になる。でも、どの状況でも、自分自身が怒る。けれど、虐待を受けた子どもは違うの。相手を怒らせるのよ、怒りの矛先にされた人は、どうしてこんなに怒らせるのか、という感情を引き出されてしまう」

　何年か前に戸倉が治療した摂食障害の女子中学生は、父親から長い間暴力を受けていた。叔父に何度か性的ないたずらをされたこともあった。その少女は、ちょっとした刺激ですぐ怒りだした。

　だが、自分の中で怒るのではなくて、矛先は相手を怒らせることに向いた。戸倉やほかの職員に、くそばばあ、死ね、と、考えられる限りの悪態をついた。そのとき戸倉は、彼女に言ってみた。そうか、あなたは、私に何か怒っているのね？　と。

「そのとき彼女は、摩訶不思議《まかふしぎ》な顔をしたのよ。えっ、何か違うの？　という顔」

谷に、もう少し説明がほしいという表情が浮かんでいた。

「つまりね、相手を怒らせることが怒りの出し方だと、その女の子は思っていたのよ。だから、自分の内面にある怒りが、相手に向かっていることを気づかせる。あなたの怒りの出し方は間違っていると気づかせる。それが、大事な治療だと思うの。彼女のように、ごく当たり前にふるまっている場合も少なくなくて、自覚するのは難しいと思う。でも、関わる人が専門的な知識を持っていれば、日常の中で繰り返しアプローチできるわ。在宅で暮らす子どもたちにも、児童養護施設などで成長する子どもにも、怒りのコントロールについて、大人が関わる必要があるのよ。知らず知らず、相手を傷つける大人になってしまわないように」

谷が腑《ふ》に落ちた表情をした。

「子どもたちは、ちゃんと育て直してほしいというメッセージを出してくる。言葉にならなくても、嘆き、怒り、混乱、いろんな行動に出る。放っておけば非行や放浪につながったり、親になっても子どもを育てられないなど、一生その傷を引きずる例だって稀《まれ》ではないの。治療が必要な子どもたちを適切に判断する力を、関係する医療機関は持つべきだし、必要とする子どもたちに、治療的関わりができる社会になるべきだと思う。

同時に、治療、治療と叫ぶだけではなく、毎日の生活の中でどう癒していくか、地域の関係者がプランを持って関わるシステムと力量を持つ必要がある。ひとりでも多くの子どもの心を楽にしてあげること、居場所を約束できるようにしてあげることが、大人たちには求められているのだと思う」

戸倉は、あすなろ学園が進むべき先を見ているようだった。

大人を信頼できるように

「谷先生。舞ちゃんは、私たちに、虐待からの回復とは何なのか、宿題を出しているのよ」

虐待が始まった年齢が早く、長期に繰り返しその行為が行われると、子どもは心や体の成長に大きなダメージを受けると言われている。重い虐待のケースでは、さまざまな精神的な疾患が出る可能性を、精神科医たちは知っている。

それでも、不幸な事態に巻き込まれても、病院に来られる子どもたちは幸運だった。専門医や臨床心理士などから心的外傷の治療を受けられる子どもは、日本にはまだそうはいない。児童相談所が機能を強化し、多くの子どもたちが、危機的な場面から保護されるようにはなった。しかし、心の傷の深さや立ち直るための関わりを客観的に判断し、治療プランとともに経過を追い、自立まで見守るシステムは充分ではない。

「プレイセラピーをしていて感じることなのですが、舞ちゃんには、大人と子どもの区別がないのです。遊ぶ相手は子ども、遊んでもらうのは大人、甘えるのも大人。この区別ができません。誰に対して、どういう関わりをするのが適当なのかは、子どもたちは自然に学ぶものでしょうが……」

「谷先生、虐待を受けた子どもの精神療法は、何より遊びで表現させてあげることだと私は考えているの。遊びを解釈して治療に結びつける、という形式張ったものではなく、まず舞ちゃんに焼きついている警戒心や不信感を減らせる関係を最優先にしてみましょう。大人をしっかりと信頼できるようにならないと、その後の人間関係を広げていくのは難しい。子ども同士の対等な関係も作れないわ。それに、舞ちゃんは、遊ばせてもらってこなかった。しっかり遊ぶことで感情表現も豊かになるだろうし、手先も器用になると思う」

ふたりの女医が話し込んでいると、医局の内線電話が鳴った。

「戸倉先生、谷先生もいますか？　裏庭に出てきてください。いいものが見られますよ！」

吉野からだった。なにごとかと出てみた戸倉の目に、舞の姿が飛び込んできた。夏休みでほとんどの子どもが帰宅した閑散とした運動場で、舞がローラーブレードを操っていた。あすなろ学園の子どもたちの間で大流行している遊びだった。

舞は、両手を広げ、スイスイとあちこちに円を描いている。汗びっしょりになり、結んだ髪を揺らし、夢中になって。

「うまいねえ！」

戸倉は、舞に向かって叫んだ。谷もうまいねえ、とかけ声をかける。

舞が、戸倉と谷を見つけて、ローラーブレードを走らせてくる。小さい顔、細い体、気弱そうな目は変わらない。だが、喜びに満ちた笑顔だ。

「舞ちゃん、最高！」

「うん！　見てて！」

遊びに立ち会っていた吉野は、母親のような目で見守っている。

夏休みが始まるとき、ほかの子どもたちが帰宅するのを見て、舞も家に帰りたいと泣いた。玄関先まで、帰り支度をした子どもを追いかけ、舞も行くんだと大泣きした。だが、舞には帰る家のイメージがなかった。何かあれば、多くの子どもたちは「お母さん」と言って泣く。だが、舞は言ったことがない。いったいどこに帰ろうというのか。

医師たちにも吉野にも、不憫《ふびん》でならない光景だった。

分校の沢木からは、文字や数字の学習はそう簡単に進みそうにない、努力を続けているという報告が入ってきていた。勉強がほかの子どもについていけないとしたら、地域に帰るとき舞をどうしたらいいのか。そして、どこに帰るのか。

あすなろ学園の専門家たちに、過酷な六年間を生き抜いてきた子どもの将来が託されていた。

名前を呼び合うこと、手をつなぐこと

舞の夏は、ローラーブレードに終始した。

そして九月になり、あすなろ学園にいつもの生活が戻った頃、分校や病棟では、舞の変化を感じ始めた。

分校では、本校で開催する秋の運動会に参加する準備を進めていた。舞は、七月から始めた忍者のダンスを覚えることに熱中していた。すべての学年の子どもたちがいっしょに踊る予定で、本校でも同じ振り付けを練習しているはずだった。

振り付けは、皆で手をつないで大きな輪を作り、手を離してそれぞれが回り、一メートルほど移動してからまた回って座る。それから、もう一度大きな輪を作るために元の位置に戻る。移動の距離が大きくなるので、子どもによっては元の位置に素早く戻ってくるのが難しいダンスだった。

舞も得意ではなかったが、わからないときにはとなりの子どものしぐさを見てこなし

ていた。日が迫り、練習は一日に二時間にもなったが、舞は熱心で練習をいやがらなかった。なにごとにも自信がなく、できないことにぶつかると「私はばかです」と繰り返した以前の舞は姿を現さなくなった。

病棟では、舞が、入院しているほかの子どもの名前を呼ぶようになったことに注目していた。

「翔《しょう》くん、手を出して！」

「オッケイ、舞ちゃん！」

病棟で忍者のダンスの練習をしていた舞が、となりの病室の翔を誘って、デイルームで踊りだしたのである。合図を送りながら、手を出し、移動して、回る。

閉ざされた六年間が作り上げた舞の世界は孤独で、友だちは存在しなかった。これまで病棟や分校でいっしょに過ごす子どもたちに意味はなかった。だが今は、それぞれの子どもに名前があることを理解し、その名前を呼び合っている。

（舞ちゃんが、ようやく仲間を見つけることができた）

吉野はデイルームでいっしょに手拍子をしながら、小さなダンサーを祝福した。

分校の沢木は、一週間ほど前に開いたミニカンファレンスでこう言った。

「舞ちゃんがとても力をつけてきて、驚いているんです。草色は緑色と言うのよと教えてきましたが、ここにきて、緑色と黄緑色に分けて表現するようになりました。算数はできないけど、国語はがんばる、なんて言いますし」

戸倉が、沢木の話を引き取って解説した。

「まだ、楽観できない面もありますが、自分は自分であり、ここはだめだけど、ここはできる。できないことはがんばる。そんな現実を受け止める力が育ったということなのです。簡単なようだけれど、支配され、自尊心を損なわれた子どもにはとても難しい。沢木先生の努力のたまものだと思います」

沢木は、少し恥ずかしそうにしてから、すぐにいつもの冷静な目に戻った。

「自分の能力を過大に見てもよくないし、過小でもいけないと考えています。まだまだ工夫の足りないことがあると思うし、それをさがして伸ばすことが教師の仕事だと思います」

会議に参加した病棟看護師長や吉野たちには、舞の未来に希望を感じられたカンファレンスだった。

さらに、事件とも言える変化が起こった。

きっかけは、美咲だった。舞は、七月に入ってきたこの新入生を、しばらく遠くから見ていた。自分にとって危険かどうか、判断している様子だった。だが九月のある日、体育の時間に美咲に声をかけた。

「美咲ちゃん、来て。ボールはこっちだよー」

美咲は、ボール投げのボールを必死でさがしていた。沢木に頼まれてさがしにきたのだが、見つからなくてパニックを起こしそうになっていた。

「うん、舞ちゃん」

美咲が自然に言った。

舞が、道具置き場に美咲を連れていく。体育の時間には、ボールの箱を運び出したあと、体育館の四隅にプラスチック製のコーナーポストを置かなければならない。コーナーポストは、授業の最後にランニングする目印にするものだった。

「美咲ちゃん、これを、あっちと向こうに置くの。いっしょに置こう」

「どこに？　ここ？」

ふたりはいっしょに作業をした。

その様子を沢木が見守っていた。美咲にも、友だちは大きな力になる。現に、パニックが抑えられたではないか。

舞は、美咲と対等な関係を作っていた。弱い自分を思い知らされてきた六年間。そこには、自分を透明にしないと生きられない現実しかなかったはずだった。だが今、まず大人との関係を作ろうとしたあすなろ学園が目指したとおりに、舞は確実に大人との信頼関係を作り、そして、同年齢の子どもとの世界を広げていた。

しかし、友だちを作ると、舞に思わぬ誤算が生じた。美咲が、舞の予想を超える存在だったことに気づかされたのだ。

美咲は、数字を覚えるのが得意で、足し算も引き算もできた。はさみが使え、絵も描けた。これまで、できた、できた、の連続で過ごしてきた舞の半年間の、はるかに先を歩いている同じ年の子どもだった。

「先生、美咲ちゃんは同じ一年生だよね。私は、もうだめです……」

すっかり自信を失って、うなだれる。消えかけていた「ですます言葉」が、つい出てくる。

「いいよ、舞ちゃんは舞ちゃんで」

沢木は、かならずそう返した。そして、できるようになったところをほめた。

この頃沢木は、病棟にいる吉野と、連絡ノートを使って細やかに連携していた。舞ががっかりしてしまったことは、すぐに吉野に伝わった。

「これは赤く塗る？　こっちは黄色いチューリップにしようか」

沢木が出した宿題は、チューリップの花に色塗りをすることだった。吉野は、花に塗る色がクレヨンと一致するように、言葉にして導いていく。舞は、これ？　これ？　と聞きながらクレヨンを選ぶ。最近では、色と名前がわかるようになり、自信がついてきていた。

「同じだよー、これとこれ。赤いチューリップ！」

カラー印刷されたお手本には、赤と黄色の花が開いている。それをさして、自分が塗ったチューリップと同じ色だと自慢できるようになった。

「できた。塗れたよー」

「ほんとね、できたね！」

舞が得意げに声をあげると、吉野も努力をほめた。

文字を見つけた！

力をつけ始めた舞に、沢木は、買い物学習を取り入れた。あすなろ学園から歩いて一〇分足らずのところにある中堅スーパーに行き、実際に買い物をするのである。そこでは野菜、肉、総菜のほかに、生活雑貨、文具、簡単なおもちゃが買える。

ある日は、お誕生会のプレゼントを買う、という設定で買い物に出かけた。予算は一〇〇〇円で、美咲や紘太朗、奈津子と相談しながら、誕生日に合う品をさがす。だが、相手が喜びそうなものを買おうとする紘太朗たちの話に、舞はついていけない。スーパーに行ったこともなければ、お金を使ったこともない。何をどう選ぶのか、見当もつかないのだ。

舞は、品物に値段がついていることをまず理解しなければならなかった。

「これがいいよー、かわいい」

舞が文具売り場でペンケースを選び出した。値段は八〇〇円だ。

「今月誕生日なのは四人だから、ひとり二〇〇円から二五〇円で買えるものを四つ、ということになるわよね」

沢木は、丁寧に舞に説明していく。

「ラベルに一四〇と書いてあれば一四〇円。一〇〇〇円持っているから、その中から一四〇円を使う。レジで一〇〇〇円札を出すと、お釣りが八六〇円くるのよ」

「ふーん」

舞にとって、買い物学習ほど難しいものはないと沢木は思う。大人が代わりにやってしまうのは簡単だが、子ども自身が力をつけるには、自分でやらなければいけない。スーパーの主人はよく理解してくれていて、ニコニコしながら子どもたちの学習を見守っていてくれる。

学習の成果はまだ見えないが、沢木は、授業の日以外にも、用事を見つけてはスーパーに出かけ、根気よく、繰り返し、舞に買い物をさせた。

国語は、五十音表を読むことに移っていた。

「舞ちゃん、五十音は記号なの。それぞれに音があるのよ」

沢木は、繰り返し舞に教える。

「ほら、りんごという文字をひとつひとつにすると、り・ん・ご、に分かれるでしょ。文字を集めると、りんご、になるの」

九月までに覚えた文字はほんのわずかで、読めても書けないものが多かった。まだカタカナや漢字を覚えなければいけない。沢木は、ひらがなを確実に覚えさせようとしていた。

「ほら、これは、扉のと。輪投げのわ。木の実のみ」

絵カードを見せながら、五十音表と照らし合わせていく。舞は、わからなくなると、教室の隅に座り込んで、もうやらないと言いだした。どうしても、ひらがなを覚えられない。なぜ、こんなことを毎日しなければいけないのかと思っているようだった。だが、沢木は励まし続け、舞は机に戻った。そして、また絵カードを見つめた。

ある日、沢木は、国語の時間の終わりに、いつものように絵本を読んで聞かせていた。舞にせがまれて、絵本は『たぬきの糸車』を選んだ。

「まいばんのように　たぬきが　やって　きて、いたずらをしました。そこで　きこりは　わなを　しかけました」

座って読みだした沢木の前に、椅子を持ってきた紘太朗と奈津子がいる。美咲は、読んで意味をつかむ学習が苦手なので、文字を追わずに沢木の横で聞いている。舞は沢木の背中側にいて、右肩に手をかけながら、絵本をのぞき込んで聞き入っていた。

「ところが　おかみさんは……」

「たぬきをにがしてやるんだよね……」

紘太朗がそっと言う。

「いとぐるまをまわすまねをする　たぬきのかげが　うつりました。おかみさんは　おもわずふきだしそうになりましたが　だまって　いとぐるまを　まわしていました」

もう何度も読み、子どもたちは話の内容を覚えてしまっているが、この時間が皆大好きだった。

「それからと　いうもの、たぬきは、まいばんまいばん　やってきて、　いとぐるまをまわすまねを　くりかえしました」

突然、本をのぞき込んでいた舞が、沢木の背中で体を揺らした。

「あー、先生！」

大きな声を上げる。驚いて、沢木は読むのをやめた。舞が、目をキラキラと輝かせている。こんな表情は初めてだった。

「た、がある！　お、もある！　ま、もある！　い、もあるよ！」

最初、舞が叫んでいる意味がつかめなかった沢木は、舞の紅潮した顔を見て悟った。

「どれ？　どこに？」

沢木が聞くと、舞が絵本に書かれた文字を指さす。

「た、でしょ。お、でしょ。これが、ま。ここに、い、がある！」

全身に電気が走ったような感動が、沢木を走り抜けた。

「先生、こっちにもある！　あっちにもある！　あひるのあ、りんごのり」

(見つかったの！　文字が見つかったのね？)

沢木は、心の中で聞いた。舞の中で、文字と音が一致した瞬間だった。

それからの舞は、国語の力を急速につけた。

「さぁ、きょうは、マジカルバナナをするわよ」

沢木が言うと、舞はほかの三人と嬉しそうに顔を見合わせる。言葉、色、意味づけを上手に組み合わせるしりとりなので、知恵を絞らなければならない。

「最初は先生ね。バナナは黄色。はい、美咲ちゃん」

「黄色は先生のシャツ！」

それを受けて、奈津子が続ける。

「シャツは汚れる。舞ちゃんの番だよ」

舞は、天井を見たり、下を向いたり、おおげさに考えるふりをする。

「汚れるは、くつ！　はい、紘太朗くんの番」

「くつは……、くつは、はく！」

子どもたちの笑い声が重なる。

（もう、絵カードはいらないね、舞ちゃん）

沢木は、ひとりの子どもを育む教師の醍醐味《だいごみ》を感じていた。

（さて、大事な仕事がもうひとつ！）

沢木には、もうひとつ、大きな仕事があった。

帰るべき場所への架け橋に

沢木には、分校に赴任した教師として、自分に課した仕事があった。分校と子どもたちがいた地元の学校との交流会を開くことだった。あすなろ学園では、子どもたちが入院前に通っていた地元の学校を原籍校《げんせきこう》と呼んでいる。

昨年は県内の原籍校一五校から二二名の学校長や担任教師、養護教諭が参加し、あすなろ学園の職員七名と四つの分科会を持って、子どもの様子を詳しく話し合った。今年の六月には、分校での小中合同運動会の参観、あすなろ学園の見学、教師同士の懇親会をすでに行っている。数日後に迫った第二回は、分校での授業参観、懇親会を予定していた。

沢木が赴任してくるまではこうした交流をしていなかった。守秘義務に配慮してきたためだった。だが沢木は、ようやく退院した子どもたちが、地元に帰って自分らしく自信を持って生活するためには、細やかに引き継ぎを行うことが治療と同じくらい大事だと確信していた。引き継ぐ内容を理解してもらうには、沢木が授業で取り入れている道具や授業の展開、繰り返し覚え、一歩一歩進めるように教えることなどを、実際に見てもらうことが必要だった。

交流会に参加した教師たちは、不登校だった生徒が小さな子どもの世話を焼き、明るくなってあいさつをしてくれることに驚き、喜んだ。そして、それぞれが感慨深い感想を持った。ある小学校の教師は、六月の交流会で、沢木にこう感想を伝えた。

「今回の交流会はとても有意義でした。一般教員の中には、子どもの心身の発達について理解不足である人もおり、症状を重くしてしまうケースもあるように思います。教員への具体的な研修が必要になっていると感じていました。もっと分校に連絡をして、意見を交換する機会を多くし、子どもたちが安心して戻れるように、クラスでの受けいれが順調にいくように努めます。私のクラスからお願いした男の子は、あすなろ学園で居場所を見つけたように感じました。入院して治療を受けるのだと認識していましたが、あすなろ学園に対する見方が変わりました」

別の教師は、懇親会の時間に沢木に質問した。

「病院と教師の連携は難しそうですが、教師にはどういうことが求められましたか?」

「ひと言でいうなら、それぞれの専門性を生かすことができる連携の一員となれるよう、教師としての専門性を持つ、ということなのだろうと思います」

沢木は、即座にそうコメントした。

「主治医にとっては診察室が中心で、医療的な見地から、教師に明快な展望や判断を求めてきます。ですから医師に対して教師は、これはできる、これはできないとある程度明確に言わなければなりません。必要な場面で言うには、こちらに実力がなければなりません」

ほかの教師が、それを受けて質問した。

「沢木先生が考える専門性とは、どういうものでしょうか？」

「学習は、教師にとっての使命とも言える仕事です。私たち教師には、あすなろ学園のような児童のための治療施設に子どもを預けるとき、それまでの教師としてのあり方を振り返り、治療を終えて地元の学校に帰ってきたあと、いかに教師として行動していくのかを判断する専門性がいるのではないでしょうか。子どもの心身の発達について熟知し、不登校、発達の遅れなどについての高い知識を持っていることがその基盤になってくれるでしょう」

舞が帰るべき学校がどこになるかは、まだわからなかった。だが、こうした努力を重ねておくことで、第二の舞が現れても、守れる教育者たちが増える。地元の学校に子どもが帰るための架け橋、沢木は、そんな存在に分校の教師たちがなれればいいと考えていた。

おばけと爆発

戸倉は、数枚の絵を見て、考え込んでいた。医局の机に置かれたコーヒーは、すっかり冷めている。

分校の沢木は、二回目のカンファレンスのあと、「連絡ノート」を活用するようになった。子どもたちの学校生活について、病棟では見ることができない様子を丁寧に連絡してきている。病院と分校の連携は、これまで悪くはなかった。だが、緻密だったとまでは言えない。互いを尊重する、と言えば聞こえがいいが、医師には医師のやり方が、教師には教師のやり方があり、遠慮が出た。

しかし沢木の目線は、医師と教師の関係ではなく、子どもに向けられている。彼女にとっては、教師としての仕事を果たすために病院のカンファレンスに出る必要があり、分校での様子を病棟に報告するシステムが必要だった。そのシステムによって、病棟での患者を中心に考えている医師は複眼を持てることになり、結果として、子どもによりよい医療と教育ができることにつながった。

一〇月に入り、舞がよい方向に向かいだしたことが連絡ノートには書かれていた。だが、沢木が何度か戸倉に意見を求めてきている点があった。それは絵の内容についてだった。

「これはライオンですよね。ほかの絵を写したのかしら、たてがみもありますねぇ、強そう。これは、魚？　あぁ、分校で飼っている金魚。これは、ウサギかな。けっこう絵がしっかりしてきましたね。美咲ちゃんが来てから競争心が芽生えて、同年齢の子どもたちと同じことをしようとする意欲が強くなってきて」

谷がのぞき込んで、感心しながら声をあげた。

B4の用紙に、絵がパラパラと描いてある。まとまった絵にはならないが、意味が伝わるようになってきていた。絵を描いたことがなかった舞は、何かを形にして描くという方法を知らなかった。分校で、横に置いた動物の絵を写す学習を重ねてきたことの成果が表れてきたと言えた。

「そう、これからもっとうまくなると思うわ。だけど、この、ふわーっと飛んでいるおばけが消えないのよねぇ。吉野さんといっしょに描いている絵にも出てきてね、けっこう怖いの。それに、こっちは爆発。かなりの迫力でしょう。これも毎回出てくるわ」

谷は、温かなコーヒーをカップに注ぎ、戸倉に手渡した。戸倉はひと口飲むと、別の記録に目を落とした。

「九月の認知テストでは、発達は五歳九ヵ月。分校でしっかり見てもらっている成果が出ていると思う。人物、三角形も描けるようになり、一〇までの足し算もできるようになった。でも、文字は読めるようになったものの、まだ書けないし、書き写せない……」

「ということは……」

「書字に関して困難さがあることになるわよね。過酷な環境で育っても、教育を受ければ脳の機能は戻ってくるはずなのに……」

沢木は、意味のある文字なら覚えられるかと考え、象形文字を書かせる挑戦もしていた。月、雨など、意味があり形になる文字である。だが、やはり書けず、書き写せなかった。

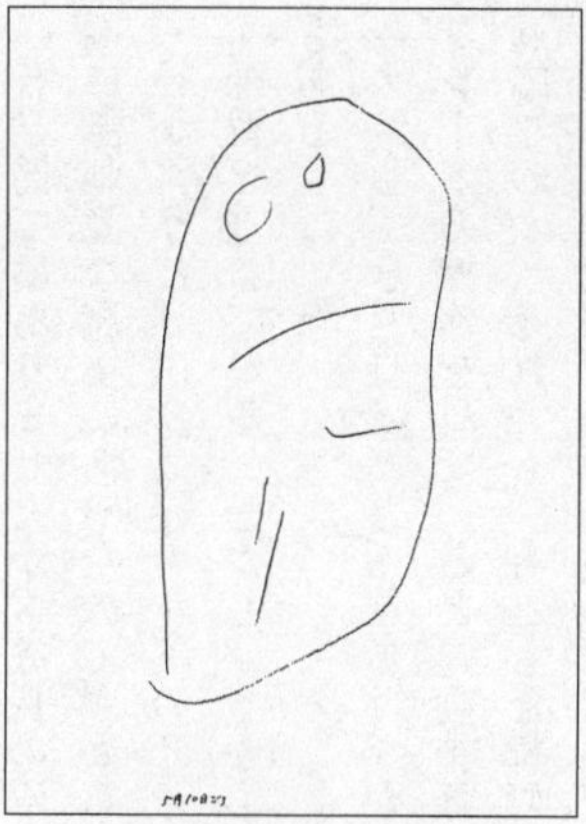

入院当初の舞が描いた「おばけ」。

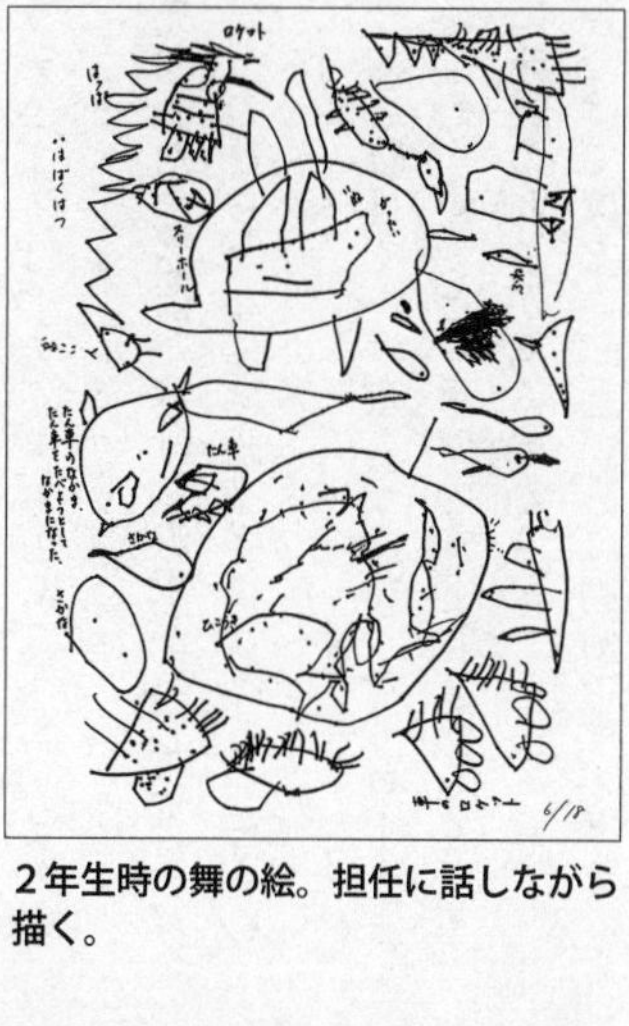

２年生時の舞の絵。担任に話しながら描く。

「科学的ではありませんが、成長の臨界期を過ぎてしまったのではないでしょうか。極端に無刺激な環境にあったのですから」

谷が言うと、戸倉は絵の左下のサインを見つめた。名前だけは、沢木が熱心に書き写す練習を重ねている。しかし、さかもとまい、のひらがなには鏡文字になっているものもある。

「入院してきた日はほとんど歩けなかった。でも数日で歩けるようになった。ローラーブレードの操作を見ていると運動神経はいい。そうすると、重度のストレスからくる不適応なのか、それとも、もともと舞ちゃんに発達の弱さがあるのか……」

「発達に心配が認められるのは、虐待の影響だけではない、というご判断ですか？」

「診断するのはまだ早いけれど、考えられると思うわ」

「以前戸倉先生がおっしゃったように、自由に遊べるプレイセラピーを心がけて、よく遊べるようになりました。没頭できるようにもなったのですが……。おもちゃ箱を空にしては、羊や犬のぬいぐるみを閉じ込める遊びは、相変わらず続いています。それはもう、強迫的な繰り返しです」

子どもの遊び。それは本来、気まぐれで楽しいものだ。だが、虐待を受けた子どもの遊びは違う。心に負った傷を再現する。そこで見せるこだわり、執拗《しつよう》さは、医師でも耐えられないほどになる。

「でも舞ちゃんは、治療を受けているから、まだいいのですよね……」

「いかに早期に、しかも適切に治療できるかが、その子の一生を希望あるものにするかどうかを分ける。虐待は、そう言いきってもいいほど、子どもの心身の成長を妨げるわ」

戸倉は、舞の絵に視線を戻した。

（おばけは、閉じ込められていた闇、爆発は、権力を持つ母親の象徴……）

絵はそう解釈できた。

母を苛《さいな》む数日の記憶

九月の面接にやって来た美由紀は、酒を飲んでいなかった。今までになくきちんと化粧をし、アイロンの利いたブラウスを着ていた。ひとしきり舞のことを話したあと、言いよどみ、それから自分の話を始めた。

「私は、児童養護施設にいたことがあるのです。乳児院から児童養護施設には三歳の誕生日に行きました。生活に慣れると、布団を自分で敷くように言われました。保育園に行き、帰るとすぐに布団を敷くのです。三歳の私に、敷かないと夕飯はなしだと言いました。どうしていいかわからなくて泣いていると、あるとき、たぶん研修生のような人が施設に来ていて、どうしたのと聞いたので、助けてお姉ちゃん、と言いました。そのときはその人が敷いてくれました。でも、よその人が来ているからって甘えるなと大きい子どもたちに言われました。昔の話で、今はそんなことはないでしょう。でも、あの光景だけは焼きついて忘れられないのです」

戸倉が初めて聞く話だった。

「児童養護施設の先生たちは、私のためにやってくれたのです。自立する力をつけるために。親となってみて、それがわかります。でも私は小さくて、誰にも頼れず、つらかった。悲しかった。おやつは園長先生に『おやつをください』と言わないと食べられない。私ひとりだけを見てくれる大人はいなかった。何が好きなのと聞いてもらえることなんてありませんでした」

「舞ちゃんを児童養護施設に預けると、同じようなことになると思っていたの？」

戸倉が聞くと、美由紀は肯き、話を続けた。

一六歳の母親と一八歳の父親が美由紀の両親だった。予定外の妊娠をし、高校生だった母親は、ひそかに産院で出産すると、そのまま美由紀を乳児院に預けたという。

児童養護施設に移った美由紀は、四、五歳のときに、若い女性に話しかけられた。いろいろなところで何度か声をかけられたあと、いきなり抱きかかえられ、車に押し込まれた。そして知らない家に着くと、その女性は実の母だと名乗ったのだった。美由紀には、自分に母親がいることを理解できなかった。

「ある日、その人が料理を作ってくれました。冷や飯にケチャップをかけてピザみたいにしたものです。すごく嬉しくて、一生懸命に食べました。でも、それ以外はあまり覚えていません。数日して、その人は冷蔵庫をいっぱいにすると、いなくなってしまいました。私はそれを食べて、待っていました。母が帰ってくるのを」

戸倉は、黙って聞いていた。

「今でも夢だったように思えるのです。いっしょに暮らしたのは何日でもなかった。実の母がその後どうなったのか知りません。児童養護施設の先生も教えてくれませんでした。わからなかったのかもしれないけれど」

戸倉を、悲しい目が見た。

「私を連れていこうとして、白い両手が伸びてきたのです……。先生、母は、どうして私を連れていったのでしょう、どうして置いていったのでしょう。なぜちゃんと引き取ってくれなかったのでしょう」

絞り出すような声だった。

「誰かに、その質問の答えを聞きたかったのね」

戸倉が言うと、美由紀は体の芯を揺らした。何度もこの言葉が美由紀の頭に浮かび、誰かに答えを聞きたいと思いながら生きてきたに違いなかった。

わずか数日の記憶が、美由紀を苦しめていた。

一〇月の面接は、話の続きから始まった。

「児童養護施設を出てからは、本当にひとりでした。出たくてしかたなかった施設に戻りたくなりました。戸倉先生、天涯孤独って言葉、ありますよね。誰も私を知らないって感じ、わかりますか？　でも、夫が私を見つけてくれました。私みたいな者でも、愛してくれる人がいたんです」

美由紀がアルバイトをしていた製薬会社で、夫が上司として働いていた。ふたりは愛し合ったが、夫の家は結婚に反対した。

「夫の父親は民間病院の医師でした。母親は薬剤師をしていました。夫のきょうだいたちも、病院や薬局に勤務しているような家でした。夫は反対を押しきって結婚してくれましたが、勘当同然で、私は夫に申し訳なくて、不幸にしてしまったように感じていました」

「そんないきさつがあったのねぇ。でも、尊志くんと舞ちゃんが生まれて、お父さんは喜んでくれたのでしょう？」

「それは喜んで、尊志をかわいがってくれました。舞が女の子だったことも嬉しくてしかたなくて……」

だが、舞が生まれてすぐに、美由紀の夫は交通事故で亡くなってしまうことになる。

面接を終えて美由紀を見送った戸倉の中で、なぜ彼女が舞を完全に家に閉じ込めたかの答えが、形になり始めていた。

美由紀が尊志をかわいがっていることからして、舞が育てられないということはなかっただろう。だが、舞の成長に遅れがあると美由紀は思い込んでいた。夫の家系が医療関係者であったことは、無関係ではないだろう。美由紀は、結婚に反対した夫の親族に対し、医者になれるような優秀な子どもを産んでみせたかったのではないだろうか。だから、舞のことは言えなかった。手放すことも考えたが、児童養護施設に子どもを預けることには大きな抵抗があった。

(おやつをくださいと言えても、困ったときに『助けて』と声をあげる力は育たなかった……)

美由紀もまた、彼女自身の家族に翻弄された被害者だったのだ。

笑顔の運動会

忍者の衣装をつけた舞が、満面の笑みで仲間たちと運動場いっぱいに広がった。二〇人で作った大きな輪を、内側にステップを踏みながら縮める。忘れそうなところは、ちらっと友だちの動きを見ながらこなしていた。秋晴れの高い空に、銀色のはちまきが光を反射している。

本校での運動会は、毎年秋に大々的に開催された。分校の生徒たちは、本校の教室をひとつ借りきっている。本校での運動会にストレスを感じる子どもがいる一方で、帰るべき学校でうまくやれた、という自信につなげることもできる子もいる。病棟と分校で相談しながら、子どもに負担をかけないようにやっていくことになっていた。

分校の生徒は、基本的には同じ学年の種目に全部参加する。ダンス、ムカデ競走、大玉転がしは、グループで力を合わせ、足を縛ったり、サンダルで走る。沢木はできるだけそばにいて、右、左に移動する細かい動きが苦手な舞に、ポイントポイントで声をかけた。

舞は、リズムに乗ってパフォーマンスするのを楽しみながら、ちらっちらっと校庭を見回していた。ほとんどの子どもたちが、家族をひそかにさがしている。舞にも、きょうは応援団が来ているはずだった。

あすなろ学園では、ピクニックや十五夜、クリスマス、正月など、たくさんの行事を子どもたちが経験する。症状によってできることがまちまちだが、買い物をしたり、皿を揃えたり、皆、やれることを見つけて、準備を楽しみ、当日を楽しむことになっていた。

中でも、秋の運動会には気合が入る。それは、家族が自分のために集まってくれるからだった。昔ながらに運動場の庭を開放するので、弁当を持ってくる家族が多く、喜びは倍増する。家を離れてはいても、家族とともにある。それが、子どもたちの支えになっている。あすなろ学園の職員も、家族の参加呼びかけに精一杯努力することにしていた。

先月の面接で、運動会には欠席すると言っていた美由紀が、尊志といっしょに来ていた。戸倉から、親子の関係が落ち着いていれば、外泊を考えていると説明されたことで、参加する気持ちになったようだった。

「先生、舞が、みんなといっしょに踊っている、あんなに嬉しそうに」

忍者のダンスを見ていた美由紀が、いっしょにいた戸倉に言った。

「舞ちゃんは、すごい力を持っているんです。入院してから半年で、絵を描いたり、文字を読んだり、色を覚えたりできるようになりました。一〇までの足し算もできるし、体育も好きで、一生懸命にやっています。友だちもたくさんできましたよ。ほら、今手をつないでいるのが美咲ちゃんです。同級生ですけど、あとから入院してきた子どもの世話をすることもできます」

「そんなことが……」

「地域の小学校に行けるのではないかと考えています」

「小学校に？　みんなと同じことを？」

午前中のプログラムが終わり、子どもたちが庭に散った。舞は、まっすぐに家族の元に走ってきた。

「兄ちゃん！」

「舞！」

尊志は、舞の小さな手を握ってビニールシートに座らせて、優しい笑みを顔いっぱいに広げた。妹を大事にし、愛していることが周囲に伝わった。色白で聡明そうな男の子だった。

「お母さんが作ってくれたんだ」

プラスチックの入れ物には、おにぎりとウインナーの唐揚《からあ》げが入っていた。ゆでた栗《くり》もある。

舞は、兄に体を寄せて、食事を始めた。母親の美由紀は、尊志を挟んで舞と反対側に座った。

（舞ちゃんは、外に出ることを禁じられていた時間、お兄ちゃんの体温を感じながら食べた経験があるのね。ふたりとも自然に体をくっつけているもの）

舞が向上心や人を思いやる心を持てたのは、きょうだいで支え合って生きてきた経験があったからだ。何もかもから遮断された舞を、重大な結果になることから兄が守った。

戸倉は、そう感じた。

どの小学校でも見られるような運動会の風景に、舞と家族は溶け込んでいた。

昼休みが終わると、運動場のトラックの線の内側に、子どもたちが並んだ。大小の和太鼓が何人かにひとつ置いてある。太鼓の前に立った子どもがバチを高く掲げると、演舞が始まった。

舞たちは数ヵ月前から、熱心に和太鼓の練習をしてきていた。あすなろ学園の森には、午後になるとバチの音が響き、近所に住む人たちは運動会が近づいたのを知る。分校では太鼓の数に限りがあり、横にした丸太を叩いて練習してきた。

応援席は静まり返り、その力強い音に聞き入った。舞は小さな太鼓を美咲と分担しながら叩いている。美由紀も、その太鼓の音を聞いていた。

小さな太鼓を担当していた子どもたちが演奏をやめて座ると、三

運動会後に舞が描いた絵。人物の顔が笑っている。

つの大太鼓の前に三人ずつ、年長の子どもたちが立った。代わる代わる前に出たりうしろに下がったりしながら、太鼓を叩く。どん、どん、ど、ど、どん。音が、地面を揺らすような低い振動から、高く強くなり、次第に子どもたちの額に汗が噴き出る。

続いて舞たちも立ち上がると、小さな太鼓を鳴らした。皆、顔を紅潮させている。大きな太鼓を打つ子どもが誇らしげにバチを左右に広げ、脇に立ったふたりが太鼓の胴を打つと、動きを止めていた小さな太鼓もいっせいに鋭い音を立て、演舞は終わった。

一瞬静寂が校庭を覆い、大きな拍手が子どもたちを包んだ。舞は、これまで見せたことのない笑顔で、バチを空に向かって突き立てた。子どもたちの練習の成果は、大人たちを感動させた。親たちは大粒の涙を隠さなかった。拍手が鳴りやまなかった。

母がくれたセーターの行方

運動会が終わってまもなく、あすなろ学園で、恒例の調整カンファレンスが開かれた。翌年四月の進級や進学を視野に入れ、治療計画や退院を考える会議である。来年度も引き続き入院を継続するのか、退院して地元の学校や児童養護施設で新しいスタートを切るのか、子どもにとっても、職員にとっても大きな関心事になる。

紘太朗は、三月に退院することがほぼ決まった。すでに家に試験外泊する日を増やし、普段の生活をする中でうまくやっていけるかどうか、様子を見ている。美咲は、パニックを起こさず落ち着くかどうか判断し、経過がよければやはり三月までに退院する。文章の行が飛んで見えることなどについては、入院前に通っていた地元の学校に詳しく申し送る。奈津子は、通院でカウンセリングを続けることを条件に、まもなく退院できる見通しが立った。

舞は、入院生活が三月で丸一年になるため、退院を検討する時期にさしかかっていた。時間を追って発達検査の数字がよくなっていることは、退院を示唆していた。だが、戸倉と谷は、入院をもう一年延長する以外の選択肢を持っていなかった。

「虐待を受けた子どもが、安全感を持つことは容易ではありません。舞ちゃんは落ち着いてきたように見えます。でも、心から安全を感じ、安心な生活を送れるようになるには、まだ時間がかかります」

戸倉は、そう言って、爆発とおばけの絵を会議の参加者に見せた。

「悪夢に怯える、驚愕反応があるなどが改善されていません。手厚い保護がまだ必要です。もう一年治療を続け、できる限りの改善を目指しましょう」

誰にも異論はなかった。

一二月に入り、舞は洋服をひとりで着られるようになっていた。ローラーブレードは、自分の足であるかのように、自由自在に操れるようになった。好きなおもちゃができ、自由に遊べた。友だちも作れた。

しかし、まだ、肝心の家に帰ったことがなかった。家族がふたたび暮らせるのかどうか。医師たちは、難しい判断を迫られていた。

だがカウンセリングに応じている美由紀を信じて、戸倉は試験外泊を決意した。舞に暴力をふるうような様子は見当たらなかったし、最終的な判断をするために舞の親への思いを知る必要があった。

「兄ちゃん、舞！　家に帰れるんだよ！」

病棟にある公衆電話に、手慣れたしぐさで十円玉を入れている。運動会で大きなイベントを成し遂げた舞の興奮は、時間をかけて自信に変わっていた。

「うん、うん。だいじょうぶ、待っていてね！」

兄に何かを言われているらしく、何度も肯きながら受話器を耳に当てている。吉野は、それをニコニコしながら見ていた。

「わかった。バイバイ！」

話し終わった舞の顔は、希望に輝いていた。

「お母さんが迎えに来るって。お兄ちゃんが待っているって！」

デイルームにいた美咲に、さっそく自慢している。

クリスマスイブを控えて、病棟にはクリスマスツリーが持ち込まれていた。廊下や窓にも飾りつけがあり、華やいでいる。病棟の子どもたちは、お楽しみ会の寸劇を練習したりしながら、イブの日が来るのを待ちわびていた。

だが、舞の目には入っていない。

「吉野さん、舞はあした帰るの？　いくつ寝たら帰るの？」

数字が読めるようになり、何回寝ると何日経つ、という感覚も育って、外泊の日を待っていた。

「あと二回寝たら、家に帰るのよ」

吉野が言うと、すぐに聞き返す。

「帰って、いくつ寝るの？」

「ふたつ。ふたつ寝たら、また、ここに帰ってきてね。待っているから」

クリスマスに一時帰宅する子どもはけっこういるが、たいてい病棟でプレゼントのお菓子をもらってからとか、サンタさんに会ってからと言う。この日は帰りたくないと、帰宅を先に伸ばしてしまう子どもすらいる。

「クリスマスのケーキは、お母さんが買ってくれるんだよ。お兄ちゃんが待っているし。早く帰って家でいっしょに食べるの」

舞は興奮して話し続けた。

美由紀との面会は月に一回、面接と同じペースで行われていた。舞は逃げることもなくなり、母親がやってくるのを待つようなそぶりが見え始めていた。

イブの日の夕方、美由紀が自動車で迎えにやってきた。舞は、病棟で用意した服を拒否して、母親が持ってきた服に袖を通した。茶色のセーターにはクマの刺繍《ししゅう》がしてあった。舞はそれに何度か手をやり、自慢げに胸を張った。

「行ってらっしゃい！」

「楽しんでおいでね！」

吉野や看護師、谷が見送る中、舞はしずしずと車に乗り込んだ。

「バイバーイ」

病棟では見せたこともないような笑顔を作って、舞は出ていった。

「戸倉先生、うまくいくでしょうか」

「お母さんは落ち着いているし、大きな問題は起こらないと思っているわ」

医師たちは、児童相談所に、外泊期間中のサポートを依頼していた。

吉野には、試験外泊の二泊三日が、気が遠くなるほどの時間に感じられた。

そして三日後の夕方、舞は帰ってきた。

「お帰り、舞ちゃん。おなかは空いていない？」

待っていた吉野は、病室に戻ると、そう聞いた。食事はきちんとさせました、と送ってきた母親の美由紀は言った。

しかし、着替えをさせると、背中にあざのようなものがあった。

「………」

舞は、下を向いたまま、返事をしない。

その日の消灯近く、舞は、デイルームにあったおもちゃ箱をひっくり返し、近寄る職員に「死ね！　あっちに行け！」と、知る限りの悪態をついた。全身を使ってものを投げ、危険を避けようと抱きしめた吉野もろとも床に転がった。吉野は、抱きしめたまま舞が落ち着くのを待つしか術がなかった。

舞は、もともと暴れるタイプの子どもではない。落ち着いた舞の手を引いて、吉野はナースセンターの事務テーブルに行った。看護師たちは、気を利かせて隣室で仕事をしている。

「砂糖をこぼしたら、お母さんが怒った」

ぽつりぽつりと出てくる話を聞きながら、吉野はさりげなく舞に体を寄せた。

家では、クリスマスパーティーはなかった。ケーキも買ってもらえなかった。おそらく、その腹いせに舞が砂糖をばらまいたのだ。そして、暴力的な叱られ方をした。

「舞ちゃんに、クリスマスプレゼントがあるの。待っていて」

吉野が、渡せなかったプレゼントの包みを持ってくると、舞が不思議そうな顔をした。

「ケーキはないけど。開けてみて」

リボンをはずして封筒を開けると、舞の目が輝いた。

「たぬきの糸車だあ」

ほかの子どもたちは自分のおもちゃや絵本を持っている。だから、舞にも自分の絵本を持たせたかった。

その夜は、吉野が絵本を読んで舞を寝かしつけた。絵本には何が書いてあるか舞は全部覚えている。ところどころいっしょになって文章を口ずさみながら、やがて舞は眠った。

ベッドの下に置いた舞のバッグには、不器用にたたんだ、茶色のクマのセーターがしまってあった。

旅立ちの日の衝撃

舞に、あすなろ学園から旅立つ日が来た。入院した日から二年が経過していた。

舞は、自分で服を選び、ボタンをかけ、ファスナーを閉めた。母親がくれた茶色のセーターをバッグに入れるのを忘れなかった。あのクリスマスイブの日からあと、舞は家に帰ることはなかった。子どもの二年間は、成長の二年間であり、小さくなった洋服は吉野が預かった。そして、新しい何枚かを、吉野は自分で買い、そっとバッグに入れた。

これから向かう先の児童養護施設には、何回も行っていた。生活をする場所が変わることで舞を不安定にさせないようにという、児童精神科医たちの配慮だった。建物に慣れ、運動会などにも参加したことで、舞もこれから児童養護施設で暮らすことは了解していた。

前夜、舞は、同じ病棟の小さな入院患者たちに、退院を自慢していた。丸二年間、あすなろ学園で過ごして、たくさんの子どもたちの退院を見送り、そのたびに泣いた。たとえ母親の家でなくても、退院できることは本当に嬉しいことなのだった。

だが出発当日の朝、舞は、玄関前に着いた児童相談所の車を見るなり逃げ出した。バッグを放り出し、あすなろ学園の中に駆け込むと、玄関奥の階段を使って二階に行き、踊り場近くの給湯室に潜んだ。

吉野は、静かにあとを追い、そっとのぞき込んだ。

「吉野さん」

舞が、頼りなさそうな声を出した。

「舞は、退院するんだよね」

「そうよ」

「この間行ったところに行くんだよね」

「そう」

何度か、同じ会話をした。

「どうしたの？　きのうは喜んでいたじゃない？」

「うん……。だけど、行きたくない、ここに……」

いたい、と言うのをやめた。

（無理もない、二年間もここで生活してきたんだから）

いったい自分はどうなるのか、ふたたび帰るところを失うのではないか、という思いが、舞を混乱させていた。

吉野は、無理に引き戻さず、落ち着くのを待った。一時間ほどして、吉野と舞は、児童養護施設に向かった。舞が吉野に体を寄せてきたので、手を握り、体温を伝えた。舞は自分を頼りにして、この心細い道を進もうとしている。児童養護施設の前に行ったら、泣きだすのではないか、自分にしがみつくのではないか、そうしたら別れることがつらくなる、と思っていた。

ところが、児童養護施設の玄関前で、吉野は愕然とさせられる事態に見舞われた。迎えに出た園長や職員、取り囲んだ子どもたちを見た舞は、後部座席で背筋を伸ばした。そして、なにごともなかったように、堂々と降り立ったのである。

面接室に通された児童相談所の職員と吉野、それに舞は、三人掛けの長椅子に座った。向かい側には、園長と担当する児童指導員が座った。雑談をしながら、吉野は、舞についての正式な書類のほかに、自分がつけてきた日記を手渡した。食事の好き嫌いは改善されていない。幼いときに何でも口にすることの大事さを痛感させられていると、とくに申し送った。排泄の習慣はついたが、気をつけていてほしいと書くことも忘れなかった。

児童養護施設での関わり次第で、もっと舞は伸びるはずだというあすなろ学園の判断は伝えてある。戸倉や谷と児童養護施設の関係者が、すでに何回か話し合いを持っていた。

「さて、それでは、このあたりでよろしいでしょうか」

受けいれと引き継ぎの話し合いは三〇分ほどで終了した。そして園長がこの席を終了しようと話をまとめたとき、ふたたび、想像を超えた行動を舞がとった。自分からすっと立ち上がり、園長の横まで行き、そばに立ったのである。

吉野は、膝が震えるほどに衝撃を受けた。

「では、私たちは、そろそろ……」

送りに出た園長と舞は手をつないでいた。そして、吉野を追わなかった。

帰りの車の中で、吉野は頭を抱えた。

（愛着の切り替えスイッチ……。あの子は、生き抜くために、愛着を結ぶ相手を切り替えていた。私との信頼関係ができていたのではなかったのだ……）

車の中で吉野の体に必死で身を寄せていた行動は、この二年の時間をともにし、ふたりの関係が築けたことを確信させた。

（私は、愛情を示していれば、人間はわかり合え、互いをさらけ出せるものと信じてきた。でも、愛着がないことが普通の生活だったのだ、あの子には。愛着を育てる以前のところで、愛着なんて知らないところで、舞ちゃんは生きていた……）

大きなものが腹の底から押し寄せ、吉野は声を出して泣いた。

精神科医たちは、重い虐待を受けたことによる代表的な後遺症に、反応性愛着障害をあげる。信頼できる人と出会えなかった子どもは、愛着を結ぶ力を充分に培えない。怯えや警戒心が加わり、他人からの接触を拒絶するようになる一方で、誰にでも無差別に甘えることができる。相手を特定せずに甘える、ということは、誰とも愛着を結ばないということでもある。知識としては、とうに知っていたはずのことが、現実となって吉野の目の前で起こったのだ。

（誰にも心を結ばない自分を、自分自身では気づかない。ほかの人は人と結びあって生きている世界で、舞ちゃんはそれを知らない。恋人や子どもができたとき、愛着をどう結ぶのだろうか。子どもを育てるとき、親子の愛着関係を作れるのだろうか。ミルクをあげることはできても、子どもを守る安全基地になれないのではないか。では、生まれた子どもは愛着をどう築いたらいいのだろう……）

あすなろ学園の行くべき道

あすなろ学園に帰った吉野は、医局にいた戸倉を訪ね、別れの場面を報告した。

「先生、赤ちゃんのときに愛着形成ができなかった子どもに、大きくなってから愛着を知ってもらうことはできるのでしょうか？」

「大きくなってからの愛着形成、ですか。大事な問題ですね」

居合わせた谷がそばに椅子を寄せたのを見て、少し長い話を始めた。

「子どもが愛着を築くのに必要なことは、大人がちゃんと守ってくれることだと考えています。守るとは、子どもが自分の中に困ったことが出ないように、また、出たときには大人が手助けをして整理してくれ、害のないものにしてもらえることです。それが本当の意味での安全な環境であり、基礎となる原初的な愛情です。難しく考えれば、基本的信頼関係が成立しているのかどうか、という話になりますが。まさに幼児の愛着とは、お母さんから生命の危険がないように守ってもらうことなのです。いくらかわいがられても、食べさせてもらえなかったら安全ではない。まず守られる関係が用意されていて、そのうえに微笑《ほほえ》まれるとか、大切にされるとか、遊んでもらう、といったことが重ねられることでレベルの高い愛着になっていくのです」

戸倉たちが、舞をあすなろ学園に二年もの間入院させた意味が、吉野に伝わった。

「そう考えると、赤ちゃんのときに愛着形成ができなかった子どもにも、安全な環境を作ってくれる大人が必要であることがわかります。たとえば、攻撃性を出している子どもと大人との愛着関係を築くということは、その子どもが暴力を出さなくてもいいような環境を作ってあげることだと思うのです。暴力はすべてを壊し、大人との関係も築けない。暴力で訴えなくても自分が認められる体験や感情表現を体験して積み重ねること。大人が力で押さえるのではなく、生活が快適であり安全であり、そして楽しみがある。何か努力したら結果が出る。ただがまんするだけじゃなくて、この人のそばにいたら自分は無茶をしなくていい、人から非難されることをしなくていい、そういう存在が大切だと私は思っているのです」

舞は、成長を喜んでくれる大人たちがいるあすなろ学園で、時間をかけて、安全感を得た。そうすることで、ようやく新しいスタート地点に立てた。

吉野が落胆を隠さないのを見て、戸倉は付け加えた。

「私は、吉野さんとの別れに舞ちゃんが愛着の切り替えスイッチを使ったとは思っていません。あの児童養護施設に吉野さんといっしょに何度も行き、園長先生や職員の方たち、子どもたちに会って、施設にも慣れた。信頼した吉野さんが行ってもいいところだよと伝えたことを信じたから、静かにお別れできたのだと思います」

「戸倉先生、谷先生、二回目のカンファレンスのときに、舞ちゃんを長くあすなろ学園にとどめないでほしい、と言ったこと、覚えておいでですか？　私は、私やあすなろ学園に愛着を結んだ舞ちゃんが、別の場所に移ることがかわいそうに思えてなりませんでした。でも、二年間、ここで預かり、皆でかわいがったことは、それでよかったのですね」

吉野は、大粒の涙を流した。保育士は子どもと遊びながら、親身になってかわいがる。医師や看護師とは立場が違う。子どもに愛着を持ったとき、別れがつらくなる。吉野は、この二年間、自分の体で抱きしめて舞を育て、体温を伝えた。そのことで少しでも舞の心の傷を癒したのだと信じたかった。

「舞ちゃんに、おばけが出なくなったり、夢にうなされない日が来るのでしょうか？」

涙顔で、吉野が聞く。

「そうね……、虐待を受けた子どもの心の傷を、私たち専門家が治療し、児童養護施設などでの生活の中で癒すことは、日々行われなければいけないわ。舞ちゃんは、そういう意味では、心の専門医に出会い、吉野さんと出会い、そして沢木さんという教育者とも出会った。対応が遅れている日本で、比較的手厚い環境で暮らせたと思う。でも、重い虐待による心の傷はとても深く、とうてい癒すことはできない、と考えている人もいるくらいなの」

虐待を受けた子どもを治療するということには、長い時間がかかり、そしてたくさんの人の支えがいる。

日本ではまだ、子どもの多くが、充分に専門医や心理関係者に関わってもらうことはできない。児童養護施設などの福祉施設では、職員の圧倒的な不足から、子どもひとりひとりの癒しを考える生活を充分な体制で構築することが難しい。

舞が、執拗にぬいぐるみを閉じ込め続けたおもちゃ箱を、戸倉は思った。

「谷先生、吉野さん。舞ちゃんのような事例はこれから増えるわ。手探りで対応するのではなく、あすなろ学園を、虐待を受けた子どもたちをしっかり受け止め、治療し、社会に帰せるところにしなければいけない。病院をあげて、しっかりした対応マニュアルを作りましょう。地域と連携し、ひとりの子どもを必要な期間見守れるように。病院だから虐待に対応できない、という言い訳はしたくないの」

舞の出現は、あすなろ学園の職員全体の痛みになっていた。そして、誰もが得られるはずの育ちを得られなかった舞が、一生懸命に生きよう、成長しようとした姿は、皆を感動させた。戸倉の言葉は、遅れをとっている日本の病院での虐待対応に疑問を呈していた。また、率先して傷ついた子どもたちに関わろうとするあすなろ学園の行くべき道を示すものだった。

茶髪になった舞

一通の白い封筒が戸倉の机に置かれていた。舞の叔母からだった。舞は、小学校五年生に進級するのを機に、叔母の家に引き取られていた。

「何かあったのかな?」

戸倉は独り言を言いながら、封を切った。

『姪、坂本舞が入院させていただいた折には、大変お世話になりました。おかげ様で、舞はこの四月から定時制高校に通い始めました。あのような環境からここまで成長できたのは、あすなろ学園と児童養護施設で、たくさんの方々の愛情をいただくことができたからだと心から感謝しております。ただ、ここに来て、舞をとても難しく感じる日々となって参りまして……』

戸倉や谷、吉野たちは、代わる代わる児童養護施設を訪ねていた。戸倉は、舞に会って様子を見るのと同時に、舞の対人関係を改善していくために、生活の中で職員が揺るぎなく受容を心がけることや、親の代わりとなる愛着対象が心の中に育つことの大切さを伝えた。

児童養護施設にいる間、平穏な時間が過ぎたわけではない。舞はなにごとにも自信が持てず、好きなことややりたいことを見つけて訴える力が育っていなかった。幸い、児童養護施設に長く勤務している保育士にとてもかわいがられ、生活の中で少しずつ自分を出せるようになっていったが、ある日突然、赤ちゃん返りをしてしまった。小学校三年生の大きな体におむつをつけてもらい、赤ちゃん言葉で指をしゃぶり、体を丸めて、保育士に抱いてもらったのだ。このときには、谷が何度も出かけていき、児童養護施設からもあすなろ学園に相談にやってきて、様子を見ながら保育士を支える場面が続いた。育て直しをしてほしい。舞は生まれたところまで退行し、全身でそれを訴えたのだ。

それから数ヵ月かけて小学校三年生の舞に戻るのだが、途中「あれして」「これやって」と要求するわがままが始まり、保育士に着替えや片づけをしてくれと際限なく感情をぶつけた。これも、成長するためのひとつの過程であると戸倉は判断し、ここでも保育士を支えることに専念した。

舞が叔母の家に行ってからは、吉野と沢木が小学校、中学校の担任と連絡を取り合ってきた。中学三年生になると過食と拒食傾向が交互に出て、拒食に陥ると「食べたいけど、食べられない」と舞は戸倉に会いにやってきた。薬でコントロールできる程度で、しばらくすると落ち着きを取り戻すことができたが、もうひと波乱あるような予感が、戸倉にはしていた。

『私と夫は、昼間の高校に行かせたかったのですが、舞はバイトで生活をすると言って聞かず、勝手に進学する高校を決めてきてしまいました。夫の知り合いに頼んで、あわてて美容院での仕事を見つけましたが、すぐに辞めてしまいました。その後は自分でファストフードでの調理場の仕事を見つけてきて、なんとか続いていますが、今、舞は髪を茶色に染めてしまい……』

戸倉は、少しあわてて先に読み進んだ。

『夫はさすがに舞を怒鳴りつけました。私も、いったい何を考えているの、どういうつもりなの、と茶色くなった髪を見て泣きたい気持ちになり、本当に泣いてしまいました』

だが、手紙によると、舞はアルバイトにも、高校にも休まずに行っていた。

数日後の日曜日、戸倉は舞の携帯に電話を入れ、オフィスビルの一階に入っているファストフード店を訪ねた。調理場に入っている舞に目配せをしてから、ハンバーガーを食べ、コーヒーを飲んで、舞の仕事が終わるのを待った。確かに髪は派手な茶色に変わっていたが、舞は楽しそうに仕事をしていた。

「きょうは高校がないから、夜までバイトできるんです。夜の時給は高いから、本当は夜だけバイトしたいくらい」

夜九時に仕事が終わり、戸倉は舞と近くの公園を散歩した。あすなろ学園に入院してからしばらくの間、舞は誰にも心を開くことができなかった。戸倉は、昼休みになると舞と学園の庭を散歩した。ただゆっくりと散歩するだけだったが、舞は少しずつ心を開いてくれた。

「就職祝いに来たんだけど、ハンバーガー、おいしかった。よく見ていると、けっこう作るの難しそうねぇ」

戸倉が言う。そう、うまく作るテクニックがあるのと、舞は得意そうな顔をした。

「叔母さんが、最初、美容院のバイトを見つけてきてくれて、手に職をつけろって言ったの。叔母さんの言うことは正しいと思うし、せっかく見つけてきてくれた仕事だし、やらなきゃいけないと思った。でも、仕事をしてみたら、ぜんぜん舞らしくない。制服が似合わないし、ちっとも楽しくない。私は、将来は自分が料理したものを、みんながおいしいって言ってくれるような仕事がしたい。だからバイトは自分で選んじゃったの」

フライドポテトを揚げて紙袋に詰める。ハンバーガー用にトマトを切り、焼いた肉を重ねる。買ってくれた人たちがおいしそうに食べる。今は、そういう仕事が楽しいという。

「叔母さんたちに、美容院には行きたくなかったって説明したの？」

「ううん、言えないよ。叔母さんは心配してくれているし。それに育ててもらっているし、そんなこと。だけどこの間、叔母さんがすごく泣いちゃって。叔父さんもものすごく怒って、困っちゃった。でも先生、舞は納得するまでやりたい」

自分らしくない仕事はしたくない、好きなことを納得するまでやりたい。舞が、希望を口に出した。そして、信頼する戸倉の言葉を待っていた。

「そうね、自分が納得するまでやってみるといい。ちゃんと叔母さんと叔父さんには、自分の気持ちを伝えるのを忘れずにね」

「うん、そうする！」

これまで見せたことのないような、自信にあふれた顔を、舞は見せた。自分を縛りつけてきた記憶をうち砕こうとしている。戸倉は、茶髪はひとりで歩きだすためのシンボルのように思えた。

「よーし、きょうは就職祝いにおごるわ。私の友だちがこの町でレストランをやっているの。すごく小さなお店だけど、カウンターから料理しているところも見られるわよ」

「ほんと？　ラッキー！」

舞は目をキラキラさせ、右手を小さく胸の前に突き出し、ガッツポーズを決めた。

子どもが希望をつなぐとき

「戸倉先生、舞ちゃんの髪、黒に戻ったそうですよ！」

振り返ると谷がいた。大学病院に赴任することが決まり、荷物の整理をすませたのだった。

「さっき、叔母さんから電話がありました。先生は外来だったので、私がお聞きしました」

「そう!」

「だいぶすったもんだあったようですね。茶髪のことで言い合いになり、私も本気で叱りましたって叔母さん、おっしゃっていましたよ。将来ホテルの調理場で働きたいと、とうとう舞ちゃんが宣言したみたいです」

戸倉が就職祝いにとレストランに連れて行った日、舞は調理場を食い入るように見ていた。食べ物へのこだわりは、閉ざされた六年間に影響されているに違いなかった。だが、その思いは昇華し、希望に姿を変えた。そしてその希望が、穏やかな叔母と舞を本当の家族に近づけていた。

「戸倉先生、舞ちゃんが入院した年の夏に、被虐待児への治療とは、という宿題をご自身に出されましたよね。答えを教えてください」

谷がたずねる。

「うーん、そうねぇ」

戸倉は、窓辺まで歩いていき、庭の木々と澄んだ空を見上げた。

「医者としては、虐待を受けた子どもが安全感・安心感を再学習し、保護されているという感覚、保護膜の再形成ができるのかが最重要な点だと考えているけれど。でも大事なことは、子どものひとりひとりに焦点を当てること。なんでもかんでも虐待という枠に入れ込むと、子どもが見えなくなってしまう。学習や行動について心配があるか、健康に育っていけない問題があるかを診るの。それを抜きにすると、どのケースも同じ対応で、という手抜きになりかねない。それから生活の場である児童養護施設に行くときにも、その前に子どもを丁寧に診る時間がいるわ。その期間は、ある程度長くなければいけない。単に保護するだけではなく、子どもに足りないことを補って、次の生活の場で生かせるようにしていくことがどれだけ大事なことか。舞ちゃんのケースは、当初、特異な動きのように見えたけれど、こうして考えると一般的でもある事例だったと思うの」

舞が入院してきた日、付き添ってきた叔母は心から舞を心配していた。そして、せめて自分の名前だけでも書ける子どもにしてくださいと言った。あの日から、あすなろ学園の子ども虐待への取り組みが始まったのだ。

「せんせーい、見て見て！」

ローラーブレードを乗りこなせるようになった小学校一年生の舞が、あすなろ学園の裏庭を自慢げに走り回る様子が戸倉の目に浮かんだ。

「ねえ、谷先生は知っているかな？　名古屋大学の児童精神医学の創始者、堀要《ほりかなめ》先生。太平洋戦争を挟んで、名古屋大学で子どもの診療に心血を注いだ方で、このあすなろ学園の創始者の恩師ということになるけど。彼は、虐待を受けた子どもにいつもこう聞いたそうよ。『ねえ、あなたには、すごーく好きなおじさんかおばさんがいるかな？』って。虐待を受けたと言っても、子どもの体や心の傷の深さ、発達への影響は、本当にそれぞれなのよね。誰かを好きになるなんて、想像もできないような環境で育った子どもがこれから現れると思う。ねえ、好きな人がいない人生なんて、死に等しいほどに悲しいと思わない？　子どもを早く保護して、大人が手厚く医療や生活環境の中で癒し、そしてその子が誰かを好きになれるように、好きになれる人として自分が存在できるようにしたいものだわ」

戸倉は、谷の質問顔に気づいた。

「そうそう、虐待を受けた子どもへの治療についてだった。私が考える治療とは、人と人とのつながりであると言えるの。もちろん、あすなろ学園としては、私たち児童精神科医としてできること、セラピストにできること、生活環境を守る保育士や学校教師にできることがある。それぞれの専門性を発揮して、治療や立ち直り、自立に向けて、適切な関わりをしていくべきなのは言うまでもないことよ。そのうえで、私たちが一生懸命診た子どもさんなのだから、地域の皆さんも大切にしてください、というメッセージをこめて話し合いをしていると、なんとかうまく進んでいくの。そうしていくと、子どもが生きていく道を見守る人が自然に現れるわ」

舞を児童養護施設に託すとき、戸倉はそれを意識していた。子どもたちは、支えてくれる人、見守り続けてくれる人がどれだけいるかに希望をつないでいく。

「そう考えると、ここまでが治療、ここからが生活、というふうに線引きをすることはできないの。見た目には落ち着いたようになり、確かに短期で治る傷もあるけど、幼いときに深いところに作られた傷は誰にも見えずに潜行し、いつ、何歳のときにその人を混乱させ苦しめるかわからない。それを知っていること、そして子どもたちの治療と必要な生活を確実につないで、必要な期間、人生とも言える長い時間になるかもしれないけど、その道を保障できること、それが治療だと思うわ」

谷も窓辺に並んだ。舞がやってきてから何年目かの桜が、また咲いていた。

「戸倉先生、私、児童精神科医になってよかったです」

「そう？」

戸倉は、谷もまた成長したのを感じた。

舞が入院していたとき、戸倉はときどき舞に箱庭療法を行っていた。横七二センチ、奥行き五七センチ、深さ七センチで、内側を水色に塗り、砂を入れた箱を使って行う心理療法で、子どもたちは、そばにある棚に並んだミニチュアの人や動物、植物、乗り物、柵を使って、表現したい世界を作り上げる。治療をする者との信頼関係と安全を守られた部屋で、患者は心の世界を表現する。それが治癒につながる。

舞は箱庭を作るのが好きだった。よく作ったのは、ゾウやクマなどの強い動物同士が争い、弱い動物が背中を向けるような光景だった。だが最後の箱庭には、白馬が登場した。白い砂を掘り、水色を出して川を作り、その向こうに家を何軒か並べると、橋をかけた。そして、橋の手前に白馬を置いた。白馬は、橋を渡ろうと、家のほうに向いていた。あの箱には希望があった。

「出発」

戸倉は、その箱庭をそう解釈した。

※第三章二四四頁から「あすなろ学園」のその後を紹介しています。

第三章　家族再生を支える人々

——子どもの未来を守るために

前例のない行政施設「宮城県子ども総合センター」

行政にいる児童精神科医として

子ども虐待が起こると、社会の目は傷ついた子どもに向かう。子どもに視点を置くと、養育者を許し難くなる。虐待を起こした人を厳しく罰するべきだという意見は、ここから出てくるのだろう。

しかし、さまざまな事例に関わってみると、うまく子育てできない理由を養育者が抱えているのを経験する。わが子が社会に出て恥ずかしくないように、と厳しくしつけたことが、結果的に虐待となってしまったケースもある。それを知る人たちは、養育者には罰よりも支援が必要であり、課題に取り組むことで家庭をよい方向に向かわせようと考える。

罰か、支援か、あるいはその折衷案を見つけるか。

だが、家族機能を取り戻すことができれば、子どもはふたたび家族と暮らすことができる。このことに希望を抱かない人はいないだろう。

二〇〇一年四月、子どもの精神保健センターとも言える「宮城県子ども総合センター」が活動を開始した。仙台駅にほど近い三階建てのビルを、宮城県中央地域子どもセンター（旧・宮城県中央児童相談所）と分け合っている。職員は、常勤の児童精神科医三名と非常勤の児童精神科医四名、保健師二名、保育士三名、教師三名を中心に、総数二二名で構成されている。

児童精神科医は、子どもの心の治療を行い、子どもにとって重要な家族関係の調整も行える医師である。児童精神科医の総数は全国で二〇〇名ほどと言われていて、県によってはひとりいるかどうかというところも珍しくない。

そうした中で、このセンターには非常勤を含めると七名もの児童精神科医がいる。じつはこの事実が、このセンターが開設された理由を明確に示している。

まず、センターの活動だが、柱は五つに分けられている。

1、　児童精神科診療
2、　さまざまな健全育成活動（地域および学校との連携）
3、　市町村への支援と関係職種の研修
4、　赤ちゃんと母親のメンタルヘルス対策
5、　発達障害への包括的支援

これらの活動の中核に「メンタルクリニック機能」がある。ここで七名の児童精神科医が活躍している。子どもの発達や生活をめぐる治療をする一方で、母親への育児支援を行うための布陣だ。おもな業務として、五項目掲げられている。

1、発達に心配のある子どもの診療
2、不登校の子どもの診療
3、子ども虐待への治療的介入と診療
4、乳幼児の子育て支援を主とした、子どもとその母親への診療
5、子どもの精神科デイケアおよびその関係機関の職員へのコンサルテーションと専門研修

この構想の実現に奔走したのが、児童精神科医の本間博彰《ほんまひろあき》だ。長身で眼鏡がよく似合う五六歳で、センター所長でもある。

本間は、一九八八年に宮城県中央児童相談所に就職した。児童精神科医が自治体の職員として勤務することは珍しく、全国で一五名程度しかいない時代のことだった。彼は、児童精神科医は行政にいて、家族の心配事に身近で関わることが、日々の生活を支える

ことになるという強い思いを抱いていた。仕事に就くと、子どもの発達や子育て支援に、児童精神科医の専門性を持って携わることは有意義だと実感できた。

しかし同時に悩みが生まれた。カウンセリングや面接などにできる限りの仕事をしても、思うような医療ができなかった。薬を自由に出せず、医療の設備がないために、本格的な治療が行えないのだ。病院のように高度な医療ができれば、もっと家族はよくなると思えた。

そのジレンマを強烈なものにしたのが、子ども虐待の存在だった。虐待がどれほど子どもの心の成長を妨げるか、よく理解していた。そして多くの場合、子育てをする側にも深い悩みや虐待を受けた生育歴があることも経験していた。この問題の解決には公的機関が関わる仕組みになっており、行政にいる医師には、子どもと子どもに大きな影響を与える母親を支えるための高度な治療を行うべき使命があると感じた。

次第に彼は、クリニック機能を持つ県立の施設を作り、児童精神科医はそこにいて、子どもと家族の治療に当たるべきだと考えるようになっていった。その施設は、児童相談所や保健所などのすぐ後方に位置し、精神科や心療内科などへ通うことには消極的な人でも、児童福祉司や保健師の勧めに従って気軽に通える場所にするべきだった。医師につながりやすくなれば、治療の場に自然な気持ちで入ってきてもらえ、家族機能を回復できる可能性が生まれる。

そして、そのクリニック的施設には、コンサルテーションと研修機能を持たせる。家族再生に関わる関係者の力量が、問題の解決を大きく左右すると考えたからだ。

「そのような施設を作るには一〇年以上かかる」

話を聞いた県の上司たちには、そう言われた。日本では前例のない、厚い壁が立ちはだかる構想だった。

だが、時代が本間の背中を押した。一九九〇年頃から、それまで一部の専門家たちの間だけで心配されていた子ども虐待が、一気に社会問題化した。一九九四年には「児童の権利に関する条約」を日本が批准し、ひとりひとりの子どもに権利があるのだと認識される時代を迎えた。日本児童青年精神医学会横浜大会（一九九二年）のメイン・シンポジウムでは、初めて子ども虐待がテーマに取り上げられ、児童精神科医たちが虐待の問題に取り組む姿勢を強めた時期とも重なった。児童相談所では、相談を受けて処理する件数が、右肩上がりに増えていた。

時期を同じくして、宮城県では県の施設のスクラップ・アンド・ビルドが始まり、運気が本間に傾きだした。「子ども総合支援機能あり方検討委員会」が立ち上がり、新しい子どものための施設を作る模索が始まったのだ。折しも、行政が関わっていながら虐待を受けた子どもが重傷を負った事件と、子どもと一時保護所職員との不祥事が相次いだ。

　この深刻な事態をバネにしようと、本間は県庁に日参した。児童精神科医が常駐し、子どもを守り、親を支え、職員の専門性を高める、クリニック機能を持つセンターの設置が必要だと、知事や関係部署に強く訴えたのだ。

　その本間の熱意は、動かぬものを動かした。「子ども総合センター」は、検討委員会設置からわずか四年後の二〇〇一年に活動を開始したのである。

　中核であるクリニックの五つの活動のうち「子どもの精神科デイケア」は非常に珍しいシステムで、日本では初めての試みだと評価されている。不登校や多動、学習がうまくできないなどで心配がある子どもたちが、日中入院（デイホスピタル）とも言える形で通所してくる。その利点は、家庭で暮らしながら入院治療を受けられることで、子どものケアをする環境としては理想的だ。地域復帰のためのプログラムが用意され、教員資格を持った教師がいて、学校と同じような勉強もできるようになっている。

　専門研修も特筆するべき活動で、いじめ、不登校、引きこもりなどに的確に対応するために、病理や各機関の役割などについて、児童相談所職員、地域子育て支援センター職員、保育士、児童館や児童クラブ指導員、保健師などに対して研修を行っている。二〇〇五年度を見ると、研修と講演会は通算二八回、参加者は延べ二四三七名にのぼった。これらのプランには、子どもの健康な育ちを支え、母親の育児を支援したいという強い思いが詰め込まれている。

「産後うつ病」との出会い

このセンターが、現在、その持てる機能を積極的に使って取り組んでいるのが「産後うつ病」である。

「産後うつ病」は、出産を契機に母親に激しい落ち込みや無気力などが現れるもので、重い事例では母親自身が自殺を考えるほどになる精神的な疾患だ。日本では「マタニティー・ブルーズ」が早くから知られており、産後に精神的な変化が出現しても、簡単な落ち込みだと考えられがちだった。

だが「産後うつ病」は、それとはまったく違う。「マタニティー・ブルーズ」の症状は、出産後から一週間以内に出現する。発症頻度は五〇〜八〇パーセントと高いが、一、二日で落ち着くと言われていて、治療はとくに必要ない。

それに対して「産後うつ病」の症状は、出産後一、二週間後から一、二ヵ月後までに出ると言われている。発症頻度は一〇〜一五パーセントで、たいてい二、三ヵ月以内に軽快するが、稀《まれ》に一年以上長びくケースも報告がある。日本では認知されだしてから日が浅く、自治体により、その取り組みには温度差がある。

本間が「産後うつ病」と子ども虐待の関係を身をもって知ったのは、二〇〇一年一一月、センター開設から八ヵ月目のことだった。この日、宮城県内で母親からの虐待で生後五〇日の乳児が死亡するという事件が起こった。虐待が起こるとは考えていなかった家庭であり、本間たちは大きな衝撃を受けていた。

同じ日にちょうど、本間が段取りした「母親と子どもの心の健康ワークショップ21」という講演会が開催される予定になっていた。本間は、事件を受け止めきれないまま仙台空港に向かい、講師として招いた福岡県福岡市東区保健福祉センターの鈴宮寛子《すずみやひろこ》小児科医師を車に案内した。

「保健師による訪問はしていました。保健師は気づけなかったと言うのです。しかし、結果的に赤ちゃんが殺されてしまったわけで、どこにこちら側の見落としがあったのかと考えているのですが……」

本間は、鈴宮医師に本音で話をぶつけた。

「ご家族は、何かおっしゃっているのでしょうか？」

「詳しいことはまだ。でも、お母さんは赤ちゃんの誕生を楽しみにしていたそうです。ですが、出産したあと、人が変わったように活気がなくなり、疲れる、疲れると言って育児をいやがっていたと」

その説明を聞いていた鈴宮医師は、その後の「子ども総合センター」が進むべき道を示唆する返事をした。

「本間先生、それが、きょうの講演のテーマになっている産後うつ病ですよ」

その日、鈴宮医師は「新生児訪問における虐待予防活動」の中で「産後うつ病」について詳しい報告をした。出産後の母親のメンタルヘルスについて、注意すべき病状は「マタニティー・ブルーズ」「産後うつ病」「産後精神病」の三つである。「産後うつ病」は、保健機関や専門医の取り組みで軽快・治癒するケースが多いが、その症状から、育児放棄や暴力などの子ども虐待につながりかねない。積極的に発見に取り組むべきテーマであると伝えたのである。

鈴宮医師は、一九九八年から九州大学医学部精神科神経科の吉田敬子《よしだけいこ》精神科医師らと共同研究を始め、この病気の存在を日本に知らしめたひとりだった。九州大学は福岡市に支援協力し、一九九九年から段階的に全市に「産後うつ病」の発見と対応を実施した経緯を持っている。

この講演の会場には、宮城県の担当課職員や地域の保健や福祉関係者がいて、聞き慣れない病名に大きなざわめきが起こった。その中に「子ども総合センター」に勤務している保健師の斉藤和子《さいとうかずこ》もいた。

「本間所長、私を福岡に派遣していただけませんか。宮城県に産後うつ病対策を取り入れさせてください！」

講演が終わった数週間後、斉藤は、本間に直訴した。市町村から県職員に転じ、本間によってセンター勤務に抜擢《ばってき》された五〇代半ばの優秀な保健師で、会う者に深い包容力を感じさせる女性だった。

「宮城県では、未熟児訪問の実施は一〇〇パーセントになりました。ですが、新生児訪問は希望したお母さんにだけというのが現状で、これまで、県下の市町村の保健師に対しては、実施率を上げるように要請してきました。実施率は高いところで六〇パーセントですが、七、八〇パーセントまで上げたいと考えてきたからです。子ども虐待の不安もありますから、よい関係を作って、いつでも相談を受けられるようにとも話をしてきました。ところが先日の鈴宮先生のお話を伺うと、現代の保健師は、その新生児訪問をもっと実際的な観点でする必要があるということです。ですので、福岡市に行って学んでこなければいけないと思うのです」

有言実行の女性であり、これまでも本間は信頼して提案を受けいれてきている。

「ぼくも重要な取り組みだと考えています。ぜひ勉強して、宮城県に反映させてください」

「はい！」

行政は予算が先にありきなのだが、本間は気にかけずに即決した。センターとして「産後うつ病」に取り組むことは、生まれたばかりの赤ちゃんを危機から守り、母親への育児支援と治療につながる。保健活動は、その発見のための重要な手段だ。必要な予算を調べ、実施できるかどうか検討することより、斉藤を派遣することが先だった。

気持ちに寄り添うということ

二〇〇一年一二月、斉藤は鈴宮医師が勤務する福岡市の保健福祉センターに出向き、市の保健師による新生児訪問に同行した。そして、多くのことを学ぶことになった。

市の保健師は、まず、生まれて数ヵ月後の赤ちゃんの健康状態を診て、身長と体重、ミルクの飲み方などについて母親と会話した。そこまでは斉藤にも経験がある訪問風景だった。だがその後に、一枚の用紙を取り出し、母親に「該当するところに丸をつけてください」と依頼すると、光景が一変した。

差し出したのは、「エジンバラ産後うつ病質問紙票」(EPDS: Edinburgh Postnatal Depression Scale) という用紙で、九州大学の吉田敬子医師らによって訳され、福岡市で使われている質問票だった。そこには、一〇項目の質問が書かれていた。

1、笑うことができるし、物事のおもしろい面もわかる(いつもと同様〜まったくできない)

2、物事を楽しみにして待つことができる(いつもと同様〜まったくできない)

3、物事がうまくいかないとき、自分を不必要に責める（つねに責める〜まったく責めない）
4、理由もないのに不安になったり、心配する（しょっちゅうある〜まったくない）
5、理由もないのに恐怖に襲われる（しょっちゅうある〜まったくない）
6、することがたくさんあるときに（対処できない〜対処できる）
7、気分的に楽しくないので、そのためによく眠れない（ほとんどいつもそうである〜まったくない）
8、悲しくなったり、惨めになる（ほとんどいつもある〜まったくない）
9、気分的に楽しくないので、そのために泣けてくる（ほとんどいつもある〜まったくない）
10、自分自身を傷つけたり、自殺の考えが浮かんでくる（しばしばある〜まったくない）

かっこの中は、用意された答えを筆者が簡潔にしたものだが、実際は四段階に分かれていて、どれかを選べるようになっている。答えはそれぞれ三点から零点として、点数化できる。

その保健師は、気になる答えを拾い出して、質問を始めた。

「お母さん、8のところだけど、どういうときにそうなるの？」

「この子が泣いてばかりいて、寝てくれないし、なんだかイヤになってしまって」

「ときどきなの？　それとも毎回そうなるのかな？」

「毎回、いつもです」

「誰か、相談できる人はいますか？」

「夫は帰りが夜中になることが多くて、私はずっとひとりなんです。マンション住まいで、知っている人が近所にいないので……」

10の質問でも、しばしばある、と答えている。

「10のところだけど、しょっちゅうそんな考えが浮かぶの？」

「はい。なんだか、生きているのがイヤになって」

「本気で考えちゃうのかな」

「ふっと頭に浮かぶんです、死んじゃおうかなって」

同席していた斉藤は、愕然《がくぜん》とする自分を隠すのがやっとだった。

（お母さんって、こんなに話すものなの……）

斉藤は二九年の保健師歴を持っており、市町村に勤務していたときに新生児訪問を数えきれないほど経験していた。母親の気持ちに寄り添って、子どもについての相談に乗ってきた自負もあった。だが、うんちの色、体の拭き方、皮膚の様子、どれも赤ちゃんを見ながらの会話で、母親の気持ちを聞く仕事ではない。母親に質問をするとしたら、第二子はどう考えているかなど、家庭に関することだと考えていた。

ふと斉藤は、自分自身が最初の子どもを産んだときのことを思い出した。自分自身は妊娠を喜び、夫も応援してくれ、出産を迎えたが、実際に赤ちゃんを目の前にして育児不安でひどい混乱を起こした。

最初の二一日間は実家で実母が支えてくれたが、自分の家に帰り、夫が会社に出かけてひとりきりになったとき、言い知れぬ怖さを感じてパニックになったのである。それから一ヵ月近くは、同じ保健師をしていた姉にべったりとくっつき、ときどき子どもを預かってもらい、ようやく危機を乗り越えた。まさか保健師である自分が育児不安に陥るとは考えておらず、想像をはるかに超えた出来事だった。

目の前で自分の気持ちを語りだした母親は、地元の保健師との会話が進み、気持ちが楽になったようだった。そして、じつはひとり目の子どもを産んだときにもこんなふうになったのです、と告白した。それから、こう言った。

「こんなにも、自分のことを言っていいのですね」

地元の保健師は優しく笑って、また一週間くらいしたら来てもいいですか？　と聞いた。母親はほっとしたような顔をした。

質問の答えを点数化してみると、一〇点になった。九点以上は保健福祉センターでカンファレンスを行い、継続支援をすることになっていた。一〇項目は、一点でも継続する。

地元の保健師は、別に「ボンディング」「ハイリスク・チェックシート」の二枚の用紙にも記入を頼んだ。同じく吉田敬子医師らが日本語版にしたものである。前者は子どもとの愛着関係を評価する質問紙票で、三〇点満点で七点以上になると要注意とされている。後者は、通院歴や流産や死産の経験の有無、乳児を亡くしたとか、親しい人を失ったなどの大きなライフイベントがなかったか、育児への手助けが得られているかなどを聞いている。

三枚セットで使うことで、母親の心の状態や赤ちゃんへの気持ち、抱える問題により近づこうというのである。

再訪問や継続的な関わりを判断する明白な基準があることに、斉藤は深く感心した。保健師といっても、経験豊かな人もいれば、一年生もいる。考え方も違う。だが、点数化することで、誰でもあるところまで一定の判断ができる。

（この質問紙票を、宮城県全域に広げたい。重い症状のお母さんは「子ども総合センター」に結びつけよう。児童精神科医が子どもの様子を診て、お母さんの治療をすることができる。通院しなくてよい状態なら、保健師たちが家庭訪問を続ければいい）

「SOSをわかってくれた……」

宮城県に帰ると斉藤は、本間に報告書の作成を申し出た。そして二〇〇二年三月「宮城県版　子ども虐待予防マニュアル」を完成させ、五二市町村に向かって発信したのである。自分の足を使って、積極的に使い方の研修にも出向いた。

このマニュアルは好評だった。三枚の用紙の使い方のポイントが簡潔に、丁寧に書かれている。点数の判断、実施のタイミングと回数、訪問継続か医療を必要とするかの指針、気になる部分の問いかけ方、夫婦関係への配慮まで、記述は及んでいる。

実施からさほど時間をあけずに、「子ども総合センター」には、保健師から紹介された母親たちが姿を見せるようになった。

ある町で保健師が様子を見ていた母親は、三〇歳を過ぎているが、まだ幼さが顔に残っていた。受診し始めたのは二ヵ月前で、髪の手入れをしておらず、洋服にも気を遣っていなかった。

「先生に最初に会った頃は、すごく長い時間、自分が自分でないような感じが続いていました。何もしたくないし、できない。毎日、毎日、笑いたくないし、食べたくない。子どもがかわいいと思えない。ミルクを飲まないと叩《たた》いたり、泣くと無理に黙らせようと乱暴に扱ったり。子どもには何も罪はないのに。育児に自信がなくて、家を飛び出したこともあるんです」

夫の転勤で仙台にやってきたこの女性は、関東の大都市での仕事を辞めざるを得ず、友人も失って、孤独な生活をしていた。不妊治療でようやく息子を授かったのだが、関東で長く治療を受けた結果、夫とぎくしゃくする日々が続いていた。妊娠できたことは嬉《うれ》しかったが、出産後に強いうつ状態に陥った。

保健師が家庭訪問し「エジンバラ産後うつ病質問紙票」を使ってみると、合計点が二三点になった。最後の自殺に関する質問は三点で、専門医による治療が必要だと判断された。続いて、大きなライフイベントがあったかどうかを「ハイリスク・チェックシート」で聞いた。「産後うつ病」の引き金になる出来事が、過去に起こっているケースが多いからだ。この女性は何度か不妊治療に失敗した。そして、妊娠する半年ほど前に、実母が亡くなっていたことも判明していた。

通院は月に二回で、保健師が迎えに行き、赤ちゃんは、いっしょに連れてきて、別室のプレイルームで預かった。

「夫に相談したのですが、ぜんぜんわかってくれませんでした。自分の中では、助けて、助けてって一生懸命に叫んでいるのに、誰も気づいてくれないのです。どうにもならない、子どもを殺して、自分も死のうと思っていました」

本間は、二ヵ月間、辛抱強く話を聞き続けた。白いワイシャツに紺色のベスト姿で、気軽に話せる相手というスタンスを守りながら。

「保健師さんが来てくれて、用紙を出して丸をつけなさいと言ってくれたことで、SOSを察知してもらうことができました。わかってもらえた、子どもが育てられないというSOSをわかってくれた、これで助かったんだと思いました」

「ひとりで抱え込まずに、助けを求めていいんだよ。ここには、いつでも相談に来てください。保健師さんに連絡してもいいし」

本間は、母親が落ち着いてきた手応えを感じていた。最近は化粧をし、身のまわりに気配りができるまでに変化している。質問紙票の点数は九点まで下がっていた。

二〇〇四年度、宮城県は「エジンバラ産後うつ病質問紙票」を使った訪問を市町村すべてで実施した。産後うつ病のハイリスク者であるとされたのは一〇一九名で、出産した母親のおよそ一九パーセントだった。そのほとんどを、県内の保健師が家庭訪問によって支えた。

二〇〇一年度から〇六年度までの六年間に、産後うつ病を心配して「子ども総合センター」に来院した患者は三〇名にのぼった。長期間軽快しなかったケースは数例で、ほとんどが、通院か保健師の訪問によって、子育てを継続することができた。

「子ども総合センター」には、開設以来、見学者があとを絶たない。同じような施設を作りたいというほかの県や市町村の関係者は、このセンターの先駆的な点として、行政の児童福祉の枠の中でこれまでは充分にできなかった診療や治療を行えること、児童相談所や児童養護施設、児童自立支援施設などの子どもに関わる福祉施設と、子どもの精神科医療を前面に出して有機的な連携を行っていることを、まずあげる。

また、次世代を育てる保育所の保育士や産後うつ病に取り組むべき保健師への職員研修、実践的研修に大きく時間と労力を割いている点も高く評価している。

現在、この「子ども総合センター」をモデルとした組織が、和歌山県、静岡県、仙台市で活動を始めている。行政の中にいる児童精神科医が作り上げたこのセンターの存在は、子ども虐待に取り組む現在の社会システムの弱点をついた問題提起であり、全国に根づいていくべき視点であることは、言うまでもない。

養育者トレーニングの試み「神戸少年の町」

暴力に頼るしつけを止める

子ども虐待では、体と心に傷を受けた子どもへのケアと、虐待をしてしまう養育者へのケアが求められる。養育者へは、精神科的な治療やカウンセリングを必要とするケースもあるが、しつけについての偏った考え方を修正してもらう方法もある。父親や母親に厳しく育てられており、育つ過程で学んだことをわが子に繰り返していることもよくあるからだ。

とくに、しつけが子どもへの暴力になってしまう養育者に、どういうアプローチができるのか。このタイプへの対処法をアメリカから持ち帰り、日本に普及させようとしている男性が兵庫県にいる。

野口啓示《のぐちけいじ》（三六歳）は、子ども虐待を起こしてしまう養育者へのトレーニング「コモンセンス・ペアレンティング」（叩かないで育てる子どものしつけ）と、児童相談所や児童養護施設などでの養育者支援プログラムを実践する「コモンセンス・ペアレンティング・トレーナー」の養成事業を行っている。

「コモンセンス・ペアレンティング」は、ネブラスカ州にある児童福祉施設、ボーイズタウンで開発されたプログラムだ。身体的暴力による事故のほとんどが、子どもをしつけようとして起こっていることに注目し、暴力に頼るしつけの繰り返しを止めることに重点を置いて考案されている。

野口は、一九九九年にボーイズタウンに研修に行ってこのプログラムに出会い、日本に持ち帰った。日本では子ども虐待が急増しており、養育者へのケアをどう展開するのか、具体的な方法が模索されていたからだった。

米国版のプログラムを使って養育者へのアプローチを開始したのは二〇〇〇年で、その後、養育者を支援するモデルを作ろうと、子どもの年齢に合わせた日本版の教材開発、トレーナー養成講座の開催とその実践報告会を重ねてきた。

その発信基地であり、トレーナー養成講座開催地ともなっているのは、兵庫県神戸市にある「神戸少年の町」（施設長・谷口剛義《たにぐちまさよし》）という児童養護施設だ。野口はこの児童養護施設の児童指導員で、行動ソーシャルワークをテーマにしている若き研究者でもある。

「神戸少年の町」は、前出のボーイズタウンを創始した故・フラナガン神父が一九四七年に大阪にやってきたとき、戦争で家庭を失った子どもたちのための児童養護施設の建設を訴え、翌年運営を開始した。

進駐軍から建物の引き渡しを受け、三人の子どもの養育を始めたのだが、最近になってようやくその必要性が議論されるようになった児童養護施設出身児へのアフターケアについては、一九五四年にいち早くケア施設「青雲寮《せいうんりよう》」を完成させている。赤ちゃんのときから自立する年齢まで、一ヵ所の施設での一貫した生活は、子どもにとって心のふるさとを作る大事な環境で、一九六七年には乳児院を開設して児童養護施設との連続性を作った。さらに二〇〇一年に児童養護施設を改築したときに六つのグループホームを設けたことで、生活単位を小さくし、子どもたちがより家庭に近い環境で暮らせるようになった。

こうした試みを実践してきた「神戸少年の町」の先駆性が、野口をボーイズタウンでの研修に出向かせた。そして、現在は、養育者へのトレーニング、養育者に関わるトレーナー養成を体系化しようとしている。

自分は変えず、言い方を変える

虐待が、間違ったしつけや偏った思い入れから起こっている場合、養育者にその視点を転換してもらうことで、保護された子どもが家に帰れる可能性が高くなる。このプログラムは、何年もかけて家族問題を解決するというより、即効薬的な視点に立って作られたもので、これまでの育児観を、養育者自身がビデオによる学習やロールプレイで考え直してみることに特化している。

長く生きて、自分を支えてきた思考法や、しつけの考え方を変えるのは難しい。ならば「自分は変えず、言い方を変える」。トレーニングを受けて子どもに接することで、家族がふたたびいっしょに暮らせるようにしようというのだ。

プログラムの科学的な根拠は「オペラント条件づけ」で知られる行動療法に置いて

おり、養育者が暴力的なしつけをする要因として、三つの点があげられている。

1、暴力的なしつけの持つ即効性
2、暴力以外のしつけ方法を知らないこと
3、親の権威の喪失への恐れ

暴力をふるう養育者は「何度言っても聞かないので叩いた」「この子は親をばかにしているから、わからせようと叩いた」と表現することがあるが、虐待を起こさずに暮らせるようになるためには、この三つの点を減らしていくことが課題になる。

それを踏まえて、「コモンセンス・ペアレンティング」は、六回で学べる構成になっている。

1、わかりやすいコミュニケーション
2、よい結果と悪い結果
3、効果的なほめ方
4、予防的教育法
5、問題行動を正す教育法

6、自分自身をコントロールする教育法

ビデオでは、家庭でのありがちなシーンで、具体的にこれらを説明している。

実際にビデオを見た養育者は、自分の意識の中では問題を感じる子どもの行動に対して、別のコミュニケーション法があることを知る。それからロールプレイで実際に言葉や態度に出して練習してみて、暴力を使わないしつけの方法があることを学んでいく。

アメリカでは、虐待をした親の親権を一時停止して、カウンセリング受講を義務づける方法が取られている。受講命令に従い、成果が得られれば、親権の停止が解かれて、家族再統合の可能性が生まれる。

「コモンセンス・ペアレンティング」は、そのカウンセリング命令のひとつの受講プログラムで、一九の施設を持つ児童福祉施設ボーイズタウンでは、一九八九年から二万五〇〇〇人を超える養育者が、このプログラムを受講した。

子ども虐待の再発抑制効果については、アメリカの空軍キャンプ二五ヵ所にいた三七九人の現役軍人である親を対象として、わが子に身体的虐待をする可能性を一九パーセント減少させたという調査報告がある。親が問題だと感じていた子どもの行動が少なくなり、親子関係が改善して、身体的虐待の再発の可能性が低くなったという。

笑顔が生まれるしつけ法

実際に「コモンセンス・ペアレンティング」を使って養育者と向き合っている野口と、ある父親の様子を追ってみよう。子どもは七歳の男の子で、父親は息子が二、三歳の頃から、言うことを聞かないと暴力をふるっていた。半年ほど前に子どもが手の指を骨折し、児童相談所が虐待だと判断して一時保護した。子どもは児童養護施設で暮らしながら父親と会い、トレーニングの経過を見ながら自宅に帰る時期を見定めることになっている。

「どうして、そんなことを言わなきゃならんのです、先生」

小さな板金工場を経営しているという父親が、野口に言った。

「しつけですから、ビシッと言わなきゃ。子どもはわかりませんよ！」

がっちりした体格で、一徹な性格であることが伝わってくる。

「お父さんに変わってほしい、と言っているわけじゃないのです。少し言い方を変えてみるだけで、息子さんにうまく伝わる方法をいっしょに考えてみませんか？」

「言い方であいつの聞き分けがよくなるって言うのですか？　そんなことがありますか？」

これまでに、父親による暴力で子どもは三度けがをして、そのたびに児童相談所が相談に乗ってきた。在宅で応援してきたが、暴力がひどくなり、子どもを一時保護した。

「そうです、言い方。伝え方と言い換えてもいいのですけど」

と野口は続けた。

「わはは」

父親は、あからさまに笑った。自分より年下に見える青年が、育児論を展開しようとしたからだ。

「息子さんは保護されたわけですけど、あの前日、息子さんが言うことを聞かなかったとき、怒ったでしょ？」

「いえ、私、怒っていないです」

「そうでしょうか？」

「どうしてちゃんとできない、おまえみたいな子どもを持った覚えはない。何度言えばわかるのか、と言っただけです。だって先生、七歳にもなるのに、部屋の片づけもできなければ、遊んでばかりいて勉強しないし……。私の親父《おやじ》が生きていたら、ぶちのめされていますよ」

「そういうとき、深呼吸して、言い方を変えてみましょうよ」

「え？」

父親は、何を言われているかわからない、という顔をした。

「お父さん、一度、ぼくの授業を受けませんか？　けっこう、おもしろいと思うけど」

この父親は数日後、約束の時間にやってきた。ふたたび野口の元に来てくれるのかが難題だったが、野口が何を言いたいのか聞こうと思ったという。子どもを愛しているからこそのことだった。

「まず、子どもに対しては、わかりやすいコミュニケーションを取りましょう。あいまいなコミュニケーションは避けましょう。これが大事なところです」

野口が勤務している「神戸少年の町」の一室が、きょうの教室だった。

「あいまいって、どんな？」

「あいまいなコミュニケーションとは、殴るとか、ちゃんととか、いい子で、などです」

「それが、あいまい？　ちゃんとしろ、いい子にしていなさいとか、親なら誰でも言うものですよ」

「そうかもしれません。子どものしつけは難しいですよね。そこで、具体的なコミュニケーションの取り方を勉強したいのです。ともかく、まずビデオを見てみましょう」

何か言いたげな父親を制して、野口は、ビデオのスイッチを入れた。

『コモンセンス・ペアレンティング』

ビデオのタイトルが出る。
その後、いくつかの家庭が映し出され、しつけをめぐって親と子どもがやりとりするシーンが続く。それぞれのシーンの冒頭で、母親や父親がよくない言葉かけをする。
父「皿洗いをしないで何をしているんだ。何度言わせるんだ！」
母「あなたの部屋、だらしないわねぇ。竜巻が通ったあとみたいよ！」
野口は、ビデオに見入っている父親に感想を聞いた。
「お父さんがこの立場だったら、どう言いますか？」
「え？」
父親は、考え込んだ。さらに、ビデオの中では、子どもと母親が宿題をめぐって言い争う。
母「テレビを消して！　宿題する時間でしょ！」
子「あとでするよ！」
母「しなさいと言ったでしょ！」
子「………」

「どうでしょう、この場面。お父さんだったら、この息子さんになんて話しかけますか?」

「なんだ、その態度は! と言います」

「それはそうです。でも、頭ごなしに言って子どもが聞くでしょうか?」

「え? いや、あの、そうですね、聞かないかもしれないけど……」

「どう言ったら話を聞いてくれそうか、いっぺんやってみましょうか?」

それから、野口が子ども役となってロールプレイをしてみる。

父親「お父さんの話を無視するなんてよくないぞ、理由があるなら話してみろ」

野口「見たいテレビがあるんだ」

父親「今は、勉強の時間だろ」

野口「わかったよ、ビデオにとってもいい?」

父親「ああ、それはかまわないさ。よく聞き分けたね」

ロールプレイで自分の役になりきって会話することで、具体的な言葉を選んでいく経験を積み重ねる。

野口はこのとき、子どもをより具体的にほめているのがとてもいいですね、と声をかけた。

この父親は六回のトレーニングを受けた。そして、ある日野口を訪ねると、子どもとの関係が変化したことを報告してくれた。

「ほめると嬉しそうにするんですよ」

こう語った父親は、本当に嬉しそうな顔をした。彼は、子どものためによかれと考え、しつけの方法として暴力を使っていた。自分自身が父親にされた、当たり前のことだったた。だが、その方法を変化させることで、子どもに父親が自分に優しくしてくれたという思いが育まれた。笑顔が生まれた。

保護されている男の子が、帰宅できる日が近づいていると野口は考えていた。

トレーナーを通じて全国へ

このプログラムにはトレーニングという言葉が使われているが、言い換えれば、暴力以外の方法で子どもをしつける方法を知る場だ。

養育者からの関わりが変化すると、子どもに変化が表れる。ほめられ、受容されていると感じることで親密さが増し、養育者が感じていた問題は減る。望ましく思える行動が増えて、暴力はいらなくなる。

「変わりなさい、と言っているのではないのです。子どもへの言い方を変えてみましょうよ」

そうメッセージを送って子育てを支えるこのプログラムは、兵庫県では「神戸少年の町」はもとより、保健所でも育児不安を抱える母親を対象に広く実施されている。アメリカ版教材は、文化や親子のあり方の違いに即して二〇〇五年までに日本人向けに改訂された。現在は「神戸少年の町版コモンセンス・ペアレンティング」としてビデオと教材が完成し、独自に製作したイラスト集「ママ…だいじょうぶ!!」も用意されている。

コモンセンス・ペアレンティング・トレーナーの養成講座は、二〇〇三年度から開始された。二〇〇四年度は六〇名、二〇〇五年度四五名、二〇〇六年度六〇名で、これまでに二七六名が受講している。二〇〇六年度の参加希望者は多く、選考の上であったが、受講者が所属していた機関は、児童相談所職員四二名、児童養護施設職員七名、保健所、児童家庭支援センター、病院、情緒障害児短期治療施設、教育機関関係者各二名、乳児院職員一名で構成された。職種は、児童心理司、児童福祉司、児童指導員、保育士、保健師などで、全国から参加している。

講座は四日間で二五時間あり、講義、ロールプレイ、ディスカッション、ビデオによるモデリング、宿題で構成されている。前半の二日間は「コモンセンス・ペアレンティ

育児不安の母親などに向けた絵カード。(絵／のぐちふみこ)

ング」を実際に受講して父親や母親の役割をし、体験することを大事にしている。

野口は、二〇〇六年度の受講者のセルフエフィカシー（自己効力感）を、受講する前（プレ）と受講後（ポスト）で測定している。セルフエフィカシーはカナダの認知心理学者バンデューラが提唱した概念で、ある行動を起こす前にその人が感じる「遂行可能感」でこの感じが高いと「できる」自信が高く、遂行の可能性が高くなるという。

掲げた項目と得点の変化を理解するために図（日本財団助成事業「被虐待児の保護者支援教材普及版の開発および評価事業　報告書」二〇〇六年度より）を掲載した。「子どもの虐待とその援助」「基本的態度とコミュニケーション」「権利擁護」「関係機関との連携」「リスクアセスメント」「相談の受付・調査」「診断・判定・援助」「家庭復帰」「終結」の項目では、講座修了後にセルフエフィカシーが有意に高くなり、自信を深めた様子が伝わってくる。

二〇〇六年度のまとめでは、このプログラムを実施したケース数は、千葉県や青森県、沖縄県、宮城県、大阪府で高くなっている。トレーナー養成講座を「神戸少年の町」で受けた人に加えて、児童相談所が野口を講師に招き、職員を多数参加させて、集中的に二、三日間の講義を受けて学ぶスタイルが広がっており、養成講座を受けた専門職の人数が多い県での実施率が上がっている。

養成講座を受講して、実際に職場で実施できたのは児童相談所を中心に三六・五パー

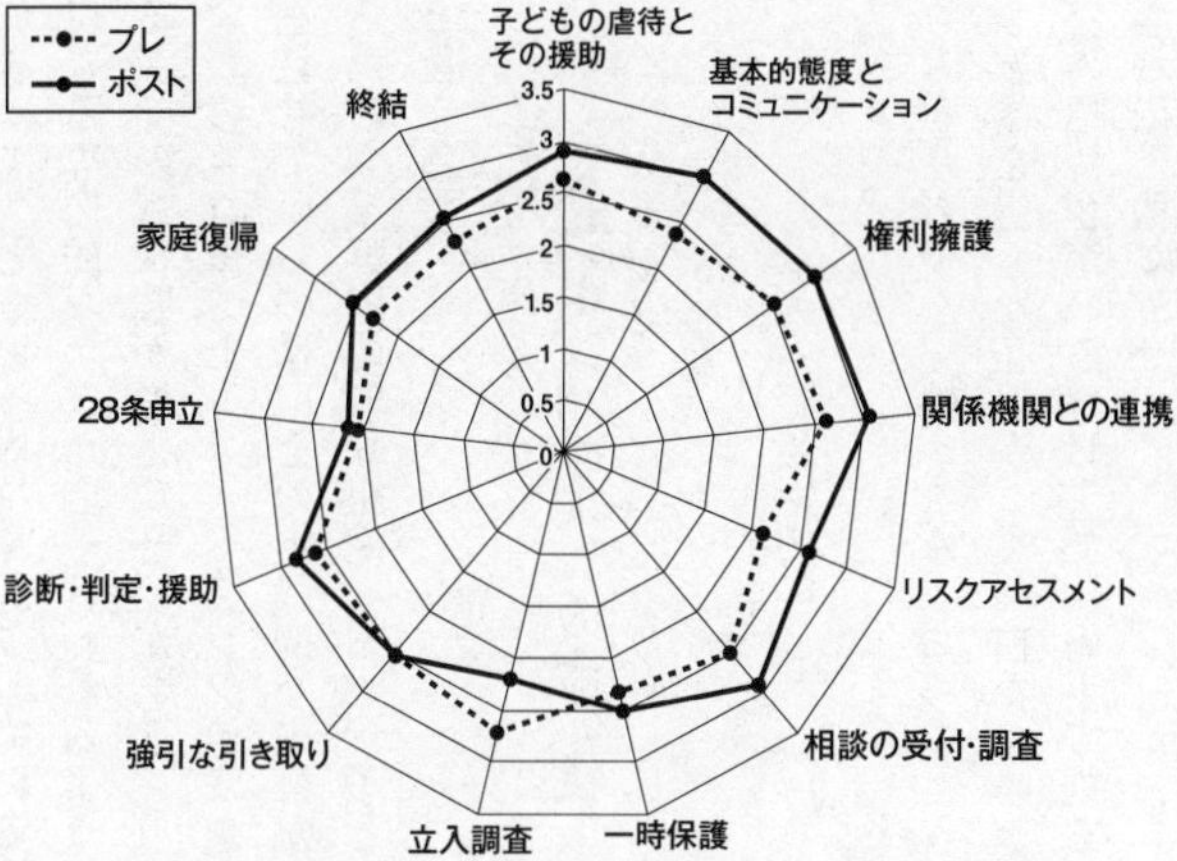

子ども虐待への対応に関するセルフエフィカシーのプレ／ポスト・チャート

セント。実施した事例の八一・五パーセントによい変化があった。アメリカ版の教材を使った二〇〇五年の実施率は二八パーセントで、日本版の教材を作成したあとの二〇〇六年の数字はかなり高くなっている。

だが、実施率をさらに上げるには、組織的に取り組む積極性があるかどうか、トレーナーとして自信が持てるかどうか、養育者に受講を動機づけられるかどうかなどにポイントがある。

虐待を起こしてしまう養育者に対し、裁判所からの命令で治療やカウンセリングを受けられるように、児童虐待防止法を改正するべきだという意見は相変わらず強い。だが、仮に改正が実現しても、どのような関わりが、誰の手によって、どういう虐待を起こしている人に必要なのかは不透明だ。医師や心理療法家による専門的なケアが広く行われるようになる一方で、児童相談所や保健所などで行えるケアの選択肢が増える必要がある。

この「コモンセンス・ペアレンティング」が、トレーナー養成によって確実に広がりを見せているのは、その実践的な内容が、家庭に関わる現場の人たちに必要とされたからだろう。野口の取り組みもまた、子ども虐待に取り組む社会システムへの問題提起だと言える。

「ペンギンハウス」のその後――癒しへの一歩

歩きだした拓巳

「みどりちゃん、けっこん、おめでとう！」

五歳を過ぎた拓巳が、真っ白なウエディングドレスに身を包んだ美登里に言った。大勢の招待客がいるロビーで、両手で抱えていた花束をぱっと差し出す。

「お花、私に？」

「うん！」

白いワイシャツに蝶《ちょう》ネクタイを締め、グレーの半ズボンに同じ色のダブルの上着で決めている。花束を渡したいと言いだしたのは拓巳で、宏美に相談し、美登里には内緒で用意していた。

「たっくん、ありがとう……」

緊張で額に汗を浮かべながらも、笑顔で花束を差し出す拓巳に、美登里は絶句した。そして、大粒の涙を流して花束に顔を埋《うず》めてしまった。これまでなら、見知らぬ大人や環境を恐れて、結婚式に参加することなど想像もできなかった。しかし、大好きな美登里のために、花束を渡したいと思ってくれたのだ。

春奈と純も、美登里に駆け寄った。

「みどりちゃん、きれいね！」

「すごく、きれい！　ひろとちゃんもくればよかったねー」

春奈は髪にリボンを結んでもらって、ブルーのワンピースを着ていた。純も紺色のスーツを着て、頬を紅潮させている。ふたりとも四歳になり、幼稚園に通っている。洋人はまだ小さいので、留守番をしていた。

「たっくんも、いつか、こんなお嫁さんをもらうのよね？」

宏美がからかうと、拓巳は心底嬉しそうにポンポンと跳びはね、笑顔を作った。

これまでの約一年半、拓巳は、プレイセラピーを受けてきた。四歳を前に現れた、動物のぬいぐるみにぶつぶつと何かを言い聞かせるような変化を、宏美たちは見逃さなかった。「聖母託児園」の嘱託小児科医や同じ法人である児童養護施設「聖家族の家」に勤務している臨床心理士は、「ペンギンハウス」で過ごした時間が彼を落ち着かせ、本当の心の闇を大人に見せ始めたのだと判断した。それまでの荒れた様子とは違い、心の奥底に沈んでいた、虐待を受けた記憶が姿を現したのだった。

週に一回、五〇分ずつのプレイセラピーを続けたのだが、最初の三ヵ月間は、笑顔を見せず、ひと言も話さないこともあった。

拓巳は臨床心理士を警戒していた。この大人は信頼できるのか。そう思っていることがはっきりと伝わってきた。

その時期を過ぎると、おもちゃを使った遊びで恐怖や不安を訴えた。それは、納得するまで繰り返し、繰り返し再現された。食事を断たれ、両親に暴力をふるわれる子どものシマウマも登場した。両親がいなくなったり、現れたり、葛藤場面が深まっていった。あるとき臨床心理士は、子どものシマウマを見ながら「今、どんな気持ちかなあ」と聞いた。「おなかが空《す》いているの」と拓巳は言った。「どうしてかな?」という質問には「この子には、おかあさんがいないの」と答えた。

臨床心理士は、子どもにわかる言葉で遊びを解釈して、拓巳の葛藤を整理していった。

やがて、シマウマの両親にはつねに子どもが存在するようになった。それに合わせるかのように、それまで目だけを動かし、大人を探るように見ていた拓巳が、本当に愛らしい笑顔を見せるようになったのだ。

この心理治療を開始するとき、臨床心理士が注意をしたのは「ペンギンハウス」の外に治療の場を作ることだった。家はくつろぐことができる場所であり、そこを保障することが癒しの土台となる。治療を生活の中で行うことは、幼い子どもにとっては、生活と治療の区別がつかないことでもある。境界線をしっかりと引くために、治療は「ペンギンハウス」の外に出て、乳児院の一室を使って実施された。

拓巳への治療にすぐ着手できたことには、歴史的な背景が生かされていた。児童養護施設「聖家族の家」では、一九七二年に心理治療の専門家を正職員として雇用し、治療的な関わりが必要な子どもたちに心理療法を実施してきた。厚生労働省が、一定の条件を満たした児童養護施設に非常勤の心理療法担当職員を置くとしたのは一九九九年であるから、いかに先駆的な動きをしてきたかがわかる。

現在は、乳児院である「聖母託児園」と児童養護施設「聖家族の家」の両方に一名ずつ常勤している。また、心理学を学んでいる大学院生などの協力を得て、児童養護施設で生活している約一三〇名の子どものうち六〇名ほどに、個別の心理療法を行っている。心理療法担当職員二名は、そのスーパーバイザーでもある。そして、その上のスーパービジョンを、外部の心理学者に依頼している。

拓巳が心の問題を表面化できたことは、癒えていくための大事な一歩だったが、もし臨床心理士によるプレイセラピーが適切なタイミングで実現しなかったら、秩序ない怒りや問題を抱え込んだかもしれなかった。

宏美と美登里は、拓巳がいかに変化したか、結婚式の数日前に実感していた。その日は、美登里が家に持ち帰るアルバムを作りたいと言いだして、毎年やっているお誕生日会の写真を並べていた。宏美もいっしょに写真をのぞき込んでいたのだが、ある二枚の写真を見比べて、ふたりは驚いた。三歳の拓巳と五歳の誕生日を迎えた拓巳が別人のようだったからだ。三歳の表情は凍りついたように暗く、周囲の気配を探っていた。だが、五歳の誕生日には、自分の誕生日祝いをしてもらえることを心から喜んで、生き生きと輝いていた。

「こんなにも違うのね、表情が！」

宏美が喜びに声を震わせた。

「事情があってここで暮らしているなんて、ぜんぜん感じさせないですね！」

美登里が答えた。

まず大人同士の関係作りを

重い虐待を受けた乳幼児三人を、保育士が二四時間生活をともにしながら、一軒の家で育てる。この試みは、百合子、宏美、美登里の挑戦心とたゆまぬ努力、子どもへの豊かな愛情がなければ、成立しなかっただろう。

そして拓巳や春奈、純の変化は、虐待を受けた子どもたちに「ペンギンハウス」のような環境で子どもを育て直すことの重要さを教えてくれている。だが、二〇〇三年から始まった「ペンギンハウス」の運営が、支障なく行われてきたわけではない。さまざまな工夫や調整が、おもに大人の側に必要だった。

ひとつには、子どもの養育観の調整が、大きな課題として日々の生活に立ちはだかった。たとえば朝、子どもたちが目ざめたとき、着替えをしてから顔を洗うか、顔を洗ってから着替えるか。食事をしながらお茶を飲むか、終わってから飲むか。お菓子は何時にどれくらい食べさせるか、決めた時間以外は食べてはいけないのか。ひとつひとつは小さなことだが、保育士の育った環境で判断が違った。

子どもは、保育士によってルールや言われることが違っていると、一定の生活習慣や生活イメージが作れない。三名の保育士は、子どもへの関わりを一定にするために、突っ込んだ意見交換をしていかなければならなかった。この統一に、三人は相当な労力を使っている。育ってきた環境は、自分自身に大切なものであり、よいと信じられる方法でもある。それゆえに、意見がぶつかることがしばしばあった。

ふたつめに、「ペンギンハウス」を作る前に予想できなかったのは、保育士三人が感じるストレスの大きさだった。形としては職場であるが、模擬的家庭を作るために三人は濃厚な関係になる。また、目が離せない子どもといっしょに眠り、風呂にも入る勤務形態で、休みがあってないような、事務的に割り切れない仕事になることもあった。

ひとつめの調整は、時間をかけながら「ペンギンハウス」の運営に検討が加えられ、決まりや合意が積み重なっていくことで少しずつうまくいくようになっていった。合意を得ていく方法に工夫をした。保育士三人の中にリーダーを作り、合意はその人を中心にまとめていく。新しい保育士を選ぶときには、合意を共有でき、作っていける人間関係を大事にした人事をしていくことにした。そして、以前からいる保育士は新しい保育士に「ペンギンハウス」での養育というものを伝えていく。

ふたつめのストレスマネージメントには、臨床心理士が、縁の下の力持ちとして活躍した。児童養護施設「聖家族の家」の職員で、「ペンギンハウス」の子どもたちの発達検査や心理的な対応についての相談に乗っていた女性だ。保育士たちからの相談は、初めは子どものこと、それから、職員同士の連携の話になっていった。

ストレスで眠れない日があるという話を聞いた臨床心理士は、無理のない日にひとりひとりの保育士と食事をするようになった。理論的なことは昼間の会議でスーパーバイズしているが、その場では、それぞれが抱えている悩みは見えない。仕事を離れてときには酒も飲み、リラックスして気持ちを吐き出す場を作ることを心がけた。やがて保育士たちは、彼女が気にかけてくれている、いつでも相談できる、という安心感を持つようになった。

臨床心理士は、大人側のストレス管理をしていかないと、大人がくるくると入れ替わる事態になりかねないという危惧を抱いていた。「ペンギンハウス」を運営するには、大人が交替しないことが大原則になる。子どもの心に安心感を育て、好きな人を作るための家だからだ。

現在の「ペンギンハウス」は、宏美と沙紀が異動して、二名の若い保育士が赴任し、美登里を責任者として三名の子どもを育てている。美登里は、これまでの四年間に経験したことを総括して、こう言う。

「今まで積み重ねてきたものと、これからやっていくことには、大きな変わりはないと思います。ただ、ここは一般の家庭ではないので、私たち保育士は、できることとできないことを整理しながら生活をすることがとても大事です。今年は異動によって、私よりも年下の新しい保育士が入りました。もともといたのは私だけです。新しい保育士たちには、早く子どもとの関係を深くし、大事に育てたいという気持ちがあります。でも、その前に、大人同士がしっかりと関係作りをするべきです。大人がよい関係を作ることが、子どもにとってよい環境になるのですから」

子どもたちにだけでなく、大人の側にも「ペンギンハウス」でどう進んでいくかのプランが必要だと言う。美登里は、保育士として信頼を感じさせる雰囲気を身につけ、気負いを見せなくなっていた。母親は、自分の子どもと家にいるときには緊張してはいない。大人がよい関係を作り、皆が自然体で自分の仕事をする、それが子どもを安心させることになると思うようになっていた。

拓巳が何歳まで「ペンギンハウス」にいるのか、まだ決まっていない。小学生になり、乳児院から児童養護施設に籍を移してからも、この家で暮らせるようにと考えている。現在は「聖母託児園」「聖家族の家」を運営する法人の理事長となった中田は、子どもが「ペンギンハウス」を離れるひとつの基準として「小学校からただいまと帰ったとき、母親が外出していてもがまんできる小学校三年生程度」を模索している。

「ペンギンハウス」には、有識者による運営企画委員会があり、これまでに一六回の会議が開催された。大学関係者二名と臨床心理士、児童精神科医、子ども虐待に詳しい法医学者各一名が委員となり、毎回、保育士による生活の様子や親子交流の報告、臨床心理士による報告などを受け、委員からは、ビデオによる子どもたちの行動観察と分析、子どもへの関わりや「ペンギンハウス」の運営に関するアドバイスや提言などが行われてきた。

中田は、今後「ペンギンハウス」に入所した当初の子どもの心の傷の判定とその後の変化、愛着形成の様子などを計るスケールを、その有識者たちの力を借りながら作ることも視野に入れている。

二〇〇三年四月に運営を始めた「ペンギンハウス」は、ひとりの子どもを癒すために大人は何をするべきか、という問いと真剣に向き合ってきた。乳児や幼児には、八〇年近い人生が待ち受けている。人への不信感、自己不全感、対人関係の困難さ、怒り、不安などを抱えたまま生きるのか、誰かを信じることができ、自分と向き合う力を育てて生きるのかは、一生を左右する。「ペンギンハウス」は、その事実を知った人たちによる、虐待ケアへの挑戦そのものだった。

二〇〇五年、厚生労働省は乳児院での「小規模グループケア」にようやく予算を組み、独自に予算を捻出していた「ペンギンハウス」にも補助金が交付された。乳幼児の早期ケアを願うほかの乳児院が、そのあとに続こうとしている。

「あすなろ学園」のその後——子ども虐待ケアへ

入院前から関わるシステム作りへ

舞を送り出したあすなろ学園は、子ども虐待ケアに向かって大きくハンドルを切った。

二〇〇〇年四月、早見卓《はやみたく》が、「子どものこころの相談室」と臨床心理室の主幹兼室長に着任した。児童相談所から異動してきた五〇代前半の男性で、長い間、傷ついた子どもの心理判定や家族へのソーシャルワークに携わった経験を持っていた。一度やろうとしたことは完遂する。あすなろ学園の医師や職員は、児童相談所に頻繁に出向いており、柔和さと決断力をあわせ持つ早見の気性をよく知っていた。

児童精神科医の戸倉は、相談室を頻繁に訪ねて、早見と話し込んだ。

「最優先すべきは子どもの命、これは、言うまでもないことです。児童相談所にいた経験から言うと、子ども虐待の場合、親御さんから自主的に相談に来てくれることはあまりありません。経過を見ているケースでも、待ちの姿勢でいると子どもの命に関わることがあります。親御さんとの信頼関係を築き、危機的な状況にならないようにし、支えながら子どもを守っていくことが、最大の防御ということになります」

　早見は戸倉と一五年以上のつきあいがあった。児童相談所時代には、舞のことでも何度も話し合っている。児童精神科医としても人間としても、戸倉を信頼していた。

「先生もご存じのように、児童相談所は子ども虐待に関わる公的な中心機関です。一時保護や立ち入り調査などをする一方で、子どもや家族に関係ある人たちと連携してソーシャルワークを行い、解決を目指します。この過程でキーパーソンができ、親御さんの相談に細やかに乗ることができれば、よい方向に向かうことができます」

　戸倉は、相談室の固いベンチソファーで姿勢を正した。

「ええ、確かに」

「親御さんが受けいれる人は限られます。事例ごとに柔軟に思考でき、解決に向かわせる専門性や経験があり、必要な場面でキーパーソンとなって速やかに動けることが大切な要素だと考えています」

　早見は、レポート用紙を古い木製のテーブルに置いた。それからえんぴつで、正月に遊ぶような独楽《こま》の絵を描いた。

「独楽をご存じですよね。この軸がキーパーソンだと考えて聞いてください。独楽は軸がなければ回りません。でも、あすなろ学園が軸となるべきケースでも、子どもが入院するまでは軸以外のまわりの部分が先に回っています。学校や福祉事務所、警察、いろいろなところです。あすなろ学園は、子どもが受診して初めて、自分は軸となるべきだと考えるわけです」

戸倉は、絵を見つめた。

「子どもの入院を引き受ける場合には、キーパーソンになるのはこの相談室や医師ですが、軸が動くタイミングは、外来に受診させたいと児童相談所から相談されたときです。そこで相談室が動き、情報収集を開始する。基準を作らないといけませんが、必要ならドクターをすぐに動かします。欲を言えば、児童相談所が相談を受理した段階で速やかにあすなろ学園に相談してもらえれば、軸はもっと早く確実に回りだせます……」

「これまでのあすなろ学園は、子どもが入院してから考えていた。そうではなく、入院前から関わるシステムを作りなさい、というのですね？」

早見が、丸顔に人なつこい笑顔を作る。

「舞ちゃんのケース記録を読んでみると、先生が個人的に舞ちゃんの母親に会って入院につなぎ、皆が工夫しつつ退院を迎えたことがわかります。面接や外泊も手探りでした。しかし、子ども虐待の急増で、あすなろ学園に入院児が増えることは容易に想像できます。児童相談所やほかの関係者に、子どもを入院させるまでの家族にどう関わってほしいかという点も含め、入院体制を整理しましょう。同時に、入院から退院に至るプロセスについて院内のすべての部署に相談し、構造化する必要があることは言うまでもありません」

戸倉は、コーヒーを口に運ぶと少し考え込み、顔を上げた。

「わかりました。舞ちゃんのケースはそう教えてくれていると思います。早見さん、その方向で動きだしてみましょう！」

早見は、あすなろ学園が動きだすことを心の中で願っていた。連携に医療機関が確実に存在することで、家族や子どもをより的確にサポートできる。そう児童相談所時代に学んでいたからだった。

子どもを守る限界への挑戦

あすなろ学園は、その後、独自の研究や検証を重ね、子どものために何をしていくべきかを形にしていった。

戸倉たちは、まず「被虐待児入院治療プロジェクト」を立ち上げ、目指す四つの目的を掲げた。虐待を受けた子どもの迅速で的確な保護、虐待を受けた子どもの入院と精神療法・心理治療、虐待を起こしている親への援助、退院後の子どもへのフォローと地域連携。どれも、子どもを守れる病院となるために欠かせない点だった。

あすなろ学園に虐待を受けた子どもがやってくるルートは、親自身か第三者が来院する、児童相談所や児童福祉施設から依頼がある、地域にある福祉や医療・保健機関からの紹介、の三つになると想定できた。そのすべての受けいれ窓口を「子どものこころの相談室」（現・医療連携室）とし、早見を中心に情報を取りまとめることにした。

そして重い事例には「虐待からの保護決定」を出して、「通常シフト」「虐待シフト」のどちらかに指定する流れを作った。明確な基準が、病院の機能を動かすために必要だった。

「通常シフト」は、親子の冷却期間としての分離や、子どもの対人関係の障害、関係する症状の軽減に主眼を置いた。舞のような危機的な事例は「虐待シフト」で、まず被害環境から子どもを保護し、入院治療で癒し、安定させることを優先させる。

早見たちは、入院までの地域調整、入院中に関係する部署の調整、子どもの生活や就学の保障、養育者の面会や通信の限界設定と連絡、関係機関への働きかけについて、細やかに動くことにした。この「院内ケースマネージメント」が、早見が戸倉に言った「独楽の軸」を早く、確実に動かす頭脳になる。

こうした骨格ができあがると、院内では、部署別に対応をまとめる動きが加速した。

診療科では、医師たちが「被虐待児の児童精神科入院治療に果たす役割」という調査研究報告書をまとめ、入院・治療と退院の基準を打ちだした。

入院と治療の対象になるのは、発達に心配があり、重度ストレス反応としての身体・

精神症状が見られ、解離症状や社会機能に不安がある子どもたち。退院の判断は、家族関係機能が改善されたか、子どもが学校に適応できるか、攻撃性などが改善されたか、精神的な症状が軽くなったかなどだと、明文化した。

この報告では、二〇〇〇年度までの七年間に、虐待を受け入院した子どもたち三六人について分析している。退院した二六人の子どもたちの入院日数は平均三一九日で、四六パーセントが家庭復帰し、三五パーセントが児童養護施設に入所していた。家庭復帰した子どもたちのうち、四二パーセントが良好、三三パーセントが状況悪化。児童養護施設に入所した子どもたちの六七パーセントは良好な状態だった。

医師たちは子どもと家族を支える視点として、健診を活用して虐待を受けている子どもを発見する、可塑性が期待できる早期に子どもへの心理治療を始める、家庭に子どもを帰したあとの地域による長期支援体制作りをする、親への相談・治療を充実させる、児童福祉施設入所後の子どもへの治療的関わりを継続する、などが医療機関として重要だとした。

それと同時に、医療機関には「長期的に子どもを守るという点で限界がある」と指摘した。あすなろ学園は「精神保健福祉法」に準じて運営されているために、養育者の同意がないと子どもは入院治療できない。ようやく入院させることができても、長期間の入院になるので養育者に経済的負担を強いてしまう。

だが短期入院では対人関係が安定し難く、やっと安心できるようになったときには、退院により環境を変えねばならなくなることもある。虐待を受けた子どもを本当に守るためには、国や地方自治体の理解や支援が必要である、という問題提起でもあった。

一方、外来と病棟では、子どもの重症度を四段階に分けたチェックリストを全看護師が共有し始めていた。症状と心配される行動、生育歴などにチェックを入れていくだけで、子どもの状況が確認できる。家族についても、育児に拒否的か、援助を望んでいるか、生活の状態はどうかなどについて四段階に分けて判断することにした。看護の立場で家族を支えるキーパーソンの確認、地域との関わりも明確にしていくことにした。

早見は、子どもを入院させる日に備えて、重要な書類を作っていた。面会、外出、外泊の可否を的確に判断する基準だった。面会者は父親か母親かそれ以外か。面会時には病院担当者の同席を必要とするか。外出と外泊の条件は何か。あすなろ学園から外泊先に電話をかけてよいか、相手は誰ならよいか。チェックを入れていくだけの簡単な体裁だが、高度な判断ができるものだった。

そうした準備が進む中、二〇〇四年に戸倉が学園長に就任した。そして院内のシステムが稼働し始めた二〇〇五年一月、あすなろ学園は、虐待を受けた子どもに取り組む病院として大きな障害を乗り越えることになった。

「戸倉先生、いただきましたよ！　県庁の精神保健福祉担当が、児童福祉法一本でいいというお墨つきを、ちゃんとペーパーでくれました！」

早見が、学園長室に飛び込んできて、Ａ４の書類を掲げた。

あすなろ学園は子どもの精神科病院として、大人と同じ「精神保健福祉法」に準じた運営をしている。だが「児童福祉法」はあすなろ学園を第一種自閉症児施設と定めていて、一八歳までの子どもを対象とした施設でもある。このふたつの法律に準じると矛盾が起こる。重い虐待を受けた子どもを入院させようとすると、「精神保健福祉法」では医療保護入院となるので養育者の同意が必要になり、「児童福祉法」では児童相談所が法的に養育者の同意を得ずに子どもを保護・入院させることができる。同意を得ての入院が難しいことは、すでに診療科からの報告で指摘されている。

「これからは、もっと迅速に動けますね。県も、ふたつの法律を適用すると子どもを守れないと理解してくれたのですね」

早見は、舞のときには、先に保護ありきで児童相談所と病院が入院を決めたことを思い出していた。戸倉の返事を聞き、得意そうに言った。

「わが県の児童相談所は、とても優秀なのです。ふたつの相反する法律になじむように、親の同意を得てあすなろ学園に子どもをお願いするようにこれまでは努力してきました。舞ちゃんのケースでも、お母さんに何度も説明にあがり、書類を整えました。しかし、大変な労力がいりますからね」

矛盾が整理されて本当によかったと、早見は嬉しそうに何度も繰り返した。

社会で困らず暮らせるように

それから半月ほど経《た》ったある日、児童相談所が一時保護した一〇歳の正樹《まさき》が入院してきた。全身には、おびただしい数のみみず腫れがあった。義父に布団叩きで五〇回、一〇〇回と連日叩かれた痕だった。検査すると、剝離骨折して自然に治った痕が数ヵ所あり、治療を受けたことのない虫歯も見つかった。殴られて変形した歯もそのままになっていた。義父は、あいさつや行儀をきちんとしつけなければ立派な社会人になれない、子どもには体で覚えさせることも必要だと主張していた。

正樹は、大人と目を合わせなかった。義父と暮らし始めてから、少なくとも七年間は暴力を受けている。いかにも優しい印象を持つ病棟保育士の吉野が話しかけても、同じようにすっと横を向いた。食事の時間には、見ていないと人のものまで食べてしまう、食行動の異常もあった。

だが、発達にはあまり心配はないと、戸倉たちは判断していた。話しかけたときの正樹の反応は正確で、職員の話を聞くことはできた。食行動も時間をかければ落ち着きそうだった。むしろ危惧されたのは、ちょっとしたことですぐに怒りだし、ほかの子どもに乱暴することだった。

早見をはじめとする臨床心理士たちは、子どもへの、生活の中での治療的関わりについて話し合いを重ねてきていた。虐待を受けた子どもには、三つの特徴的なことがあった。対人関係を作る技術が未熟であり、怒りや衝動をコントロールすることが苦手で、自己主張を上手にできない。どれをとっても、度を越した場合には、友だちを作ることや、大人になってからの対人関係がうまくいかずに苦労してしまう。

正樹に質問用紙を渡して答えを記入してもらうと、怒りのコントロールが難しいことが顕著だった。医療的な治療をするのと同時並行で、日常生活で必要な社会性を身につけなければ、退院後、うまく生活をしていけない。そう考えた臨床心理士たちは、正樹が病棟で落ち着くのを待って、導入し始めていたSSTを開始した。

SSTとは「ソーシャル・スキル・トレーニング」の略で、子どもが社会生活(Social)を円滑に営むために必要な技能(Skills)を習得するための訓練(Training)で、もともとは、統合失調症の成人を社会復帰させるためのものだった。それを子ども用に工夫したのである。

病棟では、SSTを受けている子どもは、胸に小さなカードを下げることになっていた。それぞれに治したい宿題があり、生活の中でうまくできると、赤い丸や黄色い丸をポイントとして貼りつけてもらえることになっている。正樹に出された宿題は「誰かにイヤなことをされたり、言われたときに落ち着くこと」だった。

正樹は、友だちと遊ぶことはできたが、思いどおりにならなくなると、相手に乱暴することが多かった。「ばか、うるさい、死ね」と暴言をぶつけることも珍しくない。情緒が不安定で衝動性が高く「友だちにイヤなことをされたとき、言われたとき」が怒りの高まるときだった。

臨床心理士たちは、正樹と似た課題を持った子どもたちを集めて、ゲームやロールプレイをした。テーマを設定して一回一時間、週に二回ずつ一二回実施して前半を終え、少し時間をあけて、同じように後半も行った。

前半の課題は「友だちにイヤなことを言われたとき」「職員にイヤなことを言われたとき」「病棟で友だちや職員に何かを頼んで、うまく頼みを聞いてもらえなかったときに落ち着くことだった。正樹は、ゲームをしていても集中できずに、ほかの子どもにちょっかいを出し、ちょっとしたことが気に入らずに怒った。臨床心理士が間に入ると、よけいに不安定になった。

臨床心理士は「落ち着こうね」とサインを送り、カッとなってしまった自分に気づくように根気よく関わりを続けた。最初はカッとなり、反発する場面が続いたが、少しずつ落ち着きをなくす自分に気づくようになり、自分を抑えることができるようになっていった。

後半は「頼む」「頼まれる」「気持ちを伝える」を課題にした。正樹には、素直に人に頼むことや頼まれることがとても難しかった。支配的な対人関係が前面に出てしまうためだ。

病棟は、このSSTを実行する大切な生活の場だった。看護師や吉野たちは、課題を達成できるように応援する側に回った。正樹がほかの子どもに乱暴しそうになると「グループではどうやっていたっけ？」と約束に気づくようにサインを送る。うまくできると、胸に下げたカードにシールを貼った。そして「またシールが増えたね、すごいね」と看護師たちは心からほめた。やがて正樹は、いつも課題を意識できるようになり、乱暴な言葉や態度を使わずに、落ち着いていられるようになっていった。

臨床心理士たちは、以前答えてもらったのと同じ質問用紙を正樹に渡した。入院直後は「友だちに自分の気持ちを言ったけれどわかってもらえなかったとき」「人への暴力」「ものへの暴力」「暴言・邪魔・飛び出し」のそれぞれについて、「いつもある」という答えになっていた。答えは点数化できるようになっている。「いつもある」は四点、「ぜんぜんない」は零点として、一六項目について回答を計算する。正樹の点数は、一年で四一点から二三点に減り、効果が目に見えた。

帰れる家、学校を作る

虐待を受けた子どもの多くは、生まれてきたことを養育者に否定されたと感じている。自分を大切に思えない。支配された生活の中では自尊心を築けず、他者を信頼できない。そこで信頼できる大人が、子どもが気づいていないことを課題に立て、いっしょに考え、自己評価を下げないように評価することが大事なことだった。

そして、自分の気持ちを言語化して相手に伝え、乱暴をしなくてもほかの方法があることを知らせていく。それを生活の中で繰り返すうちに自信が培われ、これができたから次は何に挑戦してみようか、と思えるようになると臨床心理士たちは考えていた。

正樹は、SSTばかりでなく、絵画療法や箱庭療法、プレイセラピーも受けながら入院生活を送った。四〇回を超える治療の場では、戦車や戦闘機のおもちゃで闘いのシーンを表現することが多かった。絵画療法では最初はまったく人間は登場しなかった。だが母親が描かれるようになると、少しずつだが悔しい、楽しい、嬉しいといった言葉を、口に出して言えるまでになった。

幸い正樹の義父と実母は、あすなろ学園の臨床心理士との間に信頼関係を築き、カウンセリングを受けいれていた。義父は実母より四歳年下で、男である正樹と妻を取り合いしているような心理があった。実母は、離婚した夫の子どもを育てていることで夫に遠慮があった。カウンセリングは、その葛藤について夫婦が話し合う形で進んだ。

児童相談所の児童福祉司は、正樹の外泊を支えた。家族の様子が変化し、義父が暴力を止めると正樹が少しずつ心を開き、実母には笑顔が出るようになっていった。

正樹が籍を置いている地元の小学校校長と担任教師は、あすなろ学園分校での交流会にこれまで何度か参加していた。正樹の退院が近づくと、校長と担任教師はあすなろ学園分校を訪れた。そして分校教師の沢木が設けた席で、戸倉から入院後の経過説明を受けたあと「テスト通学」を実施することを約束した。長期の外泊ができるようになったら、自宅から地元の小学校に通って様子を見る。そのとき、沢木が築いてきた分校と地元小学校との連携が、さらに生きるはずだった。

二〇〇〇年九月、戸倉たちは『あすなろ学園における被虐待児入院治療』と題するマニュアル本を製作した。それまでの取り組みや研究成果を「被虐待児入院治療プロジェクト」と「被虐待児の入院治療」としてまとめ上げ、院内の各部署の動きを明確に示したのである。そして二〇〇六年四月には『あすなろ学園における被虐待児の入院治療ハンドブック』と改題して、改訂版を刊行した。このなかで、医局は「入院治療の基本的な考え方」と題して、被虐待児の入院治療の必要性について記述している。

「三重県でも虐待相談件数は一九九八年度の一二三件から二〇〇四年度には五二六件と

急増している。その七年間に二七九名（一一パーセント）の子どもたちが児童福祉施設入所となっている。そのうち九六名（三四パーセント）の子どもたちが当園に措置されている。（中略）重症のトラウマによる精神症状を呈している子どもたちが、児童養護施設での適応に成功するとは考えにくく、そのことが更なる心的外傷となる危険が考えられる。子どもたちは保護されたあとも養育的、保護的立場にある大人に挑発的に関わり虐待的な人間関係を繰り返し、心の健康な発達がさらに阻害されていくことになる。そういった悪循環を断つためには虐待的な対人関係を改善する必要があり、心の傷を癒し、将来的なパーソナリティ形成のゆがみを予防するための対人関係の基礎作りが精神科入院治療に要請される課題と考えられる」

新しいマニュアルには、さらにきめ細やかに子ども虐待に対応するために、医局で七項目、子どものこころの相談室八項目、臨床心理室四項目、病棟六項目の改正点が加筆された。

より分厚くなったこのマニュアル本には、二〇〇〇年に始まったあすなろ学園の挑戦の歴史が詰まっている。そして、虐待を受けた子どもが未来に希望を持って生きるために、大人は何をしたらよいのかを教えてくれている。

おわりに

厚生労働省は「児童虐待防止対策の充実」として、二〇〇四年度に児童養護施設での「小規模グループケア」を推進するための予算を組んだ。それに続き、二〇〇五年度には乳児院と情緒障害児短期治療施設での「小規模グループケア」実施にも予算を組んだ。「虐待など心に深い傷を持つ児童のうち、ほかの入所児童への影響が懸念されるなど、手厚いケアを要する児童を対象に、小規模グループケアを行う体制を整備し、これに対応した職員を配置する」こととしている。

「小規模グループケア」の実施状況を、二〇〇五年四月から〇六年一〇月に行った全国乳児福祉協議会調査から追ってみよう。対象となった全国一二一ヵ所の乳児院中一一五ヵ所が回答しているのだが、この時点で「小規模グループケア」を実施していたのは二七施設だった。運営の形態は「ペンギンハウス」と同じように、一軒の家で二四時間職員が生活をともにしているところもあったが、一軒家で平日はいっしょに暮らし、週末は乳児院の本体施設に子どもたちは帰り、職員は休みを取るという方法を取っている乳児院もあった。

また、本体の施設内にすでにある居室を改修し、四人の子どもに職員ひとりからふたりが、子どもが起きてから寝るまでいっしょに過ごし、夜は本体施設の夜勤職員が担当するという形態もあった。いずれの形態でも、通常の交替勤務制と違い、固定した職員がいっしょに食事をとり、風呂に入るなどができ、子どもは職員をさがすことなく安定した関係を作ることができるようになっている。

「小規模グループケア」を実施していない乳児院がもっとも多くあげた理由は、「施設整備（建物の構造上の問題）、人員配置」だった。施設確保や改修費用不足、マンパワー不足がこの取り組みを困難にさせている実態が浮かび上がっている。

「小規模グループケア」を実施しているある乳児院では、独自に夜勤の職員を別事業の予算で確保している。乳児院は保育看護の場とも言われ、夜間も子どもの健康観察や授乳などのために職員が勤務していなければならない。しかし現在の「児童福祉施設最低基準」に定められた人員配置数のままでは「小規模グループケア」を展開するにはかなりの無理があるために、この苦肉の策となった。以前からこの最低基準を見直すよう、児童養護施設、乳児院などの関係児童福祉施設や有識者層などから要望が出されている。

全国乳児福祉協議会は、二〇〇四年に「乳児院におけるケア単位の小規模化に関する提案」を発信している。「小規模グループケア」に予算が組まれる前のことになるが、乳児や幼児への小規模ケアの必要性に触れているので、簡略化して伝えたい。

1、子どもの養育のあるべき姿が実現できる（子どもが自らを保護してくれる者を求めるこの時期に、その求めに充分に応え、安心感と精神的な安定を与える必要がある。とくにゼロ歳児には養育者が一対一で関わることが基本である）。

2、分離体験を持つ子どもたちの心を安定させることができる（親や家庭との分離体験を持っている子どもたちに信頼と安心感を与え、他者との関係性を回復させるためには、子どもと養育者の情緒的なつながりに一貫性を持たせなければならない。情緒的なつながり「愛着」が成立し、その行動をもっとも強く示す乳幼児期に生活集団を小規模化してつねに特定の養育者を求めることができれば、他者との関係性を速やかに回復し深めることができる）。

3、一般家庭に近い養育形態で愛着形成が実現できる（愛着形成期の子どもには、同じ養育者が、個別に充分な関わりが持てる養育形態がふさわしい。愛着形成をより深めるためには、生活集団の規模や生活環境は、一般家庭に近い、より小規模であることが望ましい）。

福岡県にある清心乳児園園長で、全国乳児福祉協議会副会長を務めた平田《ひらた》ルリ子さんは「乳児院では、子どもが本来の姿を取り戻す場面によく出会います。子どもの声に呼応し、抱きしめ、おんぶ、抱っこの積み重ねで子どもは安心し、大人との関わりの心地よさを知ります。入所時には反応のなかった赤ちゃんが声を立てて泣き、担当職員のあと追いをするようにもなります。ケアの単位を小さくしたいという思いは、乳児院の仕事に携わる者なら、皆持っていると思います。ゼロ、一、二歳から就学前までの関わりが手厚ければ、子どもは子ども自身を、お友だちを、大人を好きになれると思います。親もまた、子どもとの関わりを見つめ直す機会になります」と言う。

一軒家でなくとも、生活する人数を少なくし、虐待を受けた子どもに大人が濃厚に関わる必要があることは、論をまたない。国が組む予算をさらに手厚くすることが望まれるが、日本を代表する企業や地域で活躍している企業が力を合わせ、社会貢献として児童の福祉施設に資金応援をするなどの努力も必要な時代であると思う。日本の将来を担う子どもたちだからだ。

ところで虐待を受けた乳児や幼児を育て直す際には、乳児院に預かった当初とその後について、成長や愛着を計るスケールが必要になるだろう。たとえばゼロ歳の子どもは、授乳から離乳食へと進み、歯が生え、食べ物を噛《か》んで飲み込むというように成長発達していく。しかし体は成長しても、大人に抱かれるのをいやがり、むずかり、哺乳瓶の口を継続して吸っていられない子どもだとすれば、その後どう落ち着いたのか、大人との愛着関係は形成できたのかなどが観察できなければならない。その生理的な発達と大人との関わりの膨らみを科学的に判断する研究として、全国乳児福祉協議会では「愛着形成において個別対応の必要な乳幼児に関する調査研究」（二〇〇七年度　厚生労働科学研究　主任研究員山崎知克《やまざきともかつ》）に研究協力する予定になっている。研究成果報告を待ちたい。

二〇〇五年度の、児童相談所における児童虐待相談対応件数は三万四四五一件（速報値）で、統計を取り始めた一九九〇年度の約三〇倍、二〇〇〇年度の約二倍になった。日本では、子どもへのケア、家族再統合に充分な対応はできていない。虐待に対応する公的な中心機関である児童相談所と、家庭裁判所や児童福祉施設、医療や保健機関、あらたに子ども虐待対応の窓口となった市町村などの支援ネットワークの中で、子どもへのケアや子どもを一時保護された親や養育者への関わり、家族療法の必要性を判断し、誰がいつまでどのように担うか、役割分担のルールを作ることが急がれる。

その前提として、児童相談所の、親と対立しながら子どもを強制的に一時保護し、親への支援も行うという相反する職務の見直し、児童福祉司の増員、児童養護施設や乳児院などの職員増員と施設・設備を充実させる「児童福祉施設最低基準」の改正、子どもへの治療や家族療法、ソーシャルワークなどに関わる専門家を育て増やすこと、家庭裁判所による親や養育者への治療・カウンセリング命令によって家族再統合に確実に着手できる選択肢を持つことなど、検討を急ぐ課題が多々ある。

二〇〇七年五月二五日、「児童虐待防止法」の第二次改正案が可決・成立した。今回は、一時保護のための強制的な住居立ち入りや、親の同意を得て行う一時保護、同意を得ない一時保護、いずれでも面会や通信の制限を行えることなどが、おもな改正点となった。国および地方公共団体の責務などとして、第四条一項に「医療の提供体制の整備」という文言が盛り込まれたが、治療関連では特筆する動きはなかった。法の整備によって、公的機関は動きを取りやすくなる。民間の人々も協力体制を作ろうとするだろう。次回の法改正時には、子どもと親や養育者への治療的関わりとは何かを整理し、司法の役割、関係機関の役割分担や継続期間などについて、具体的な文言が盛り込まれるのを待ちたい。

さて、本書のタイトルにある「拒絶」という言葉をめぐって、編集者と少し議論した。「子育てに苦悩しながら子どもに接すること」は「子どもを拒絶すること」とは意味合いが違うことが多い。しかし、子ども虐待は「子どもがいかに耐え難い苦痛を感じているか」をもって判断していくという認識が現在では共有されるようになっている。本書で描いたような重い子ども虐待で、生まれてきたことを拒絶されたと感じた子ども、そして自分の存在を否定してしまった子どもを、大人たちがどう癒していくのかを考えることにつながるタイトルとなってほしい。

最後に、第一章、第二章では重い事例を描いたが、小さな場面を切り取ってみると、私たちの近くにいる虐待を受けた子どもの心に行き当たると思う。そのことが、子どもと家族を支える人の輪を広げるための、小さなきっかけとなることを願ってやまない。

取材にご協力をいただいた大阪市の「聖母託児園」と「聖家族の家」、「三重県立小児心療センターあすなろ学園」、「宮城県子ども総合センター」、「神戸少年の町」、「全国乳児福祉協議会」の皆様に、心からお礼申し上げます。また、本書の企画を相談してから延々と原稿を書かなかったにもかかわらず、出版してくださった大和書房の古屋信吾さんに心よりお礼を申し上げます。編集を担当してくださった篠原由紀子さんには、細やかに原稿へのアドバイスを頂戴し、より読みやすい本とすることができました。ありがとうございました。

文庫化によせて

昨年二〇一八年、一九年は虐待死事件が相次ぎ、連日の報道に多くの方が関心を持っただろう。東京都目黒区では、「おねがい　ゆるして」という手紙を残して五歳の女児が亡くなり、千葉県野田市では一〇歳の少女が、父親からの虐待を関係者に訴えたものの届かず、命を落とした。札幌市でも二歳の女児が、長期間食事を与えられず体重は平均の半分ほどにもなり、全身に新旧のあざが複数ある状態で亡くなった。

厚生労働省の専門委員会報告[※1]「子ども虐待による死亡事例等の検証結果等について」をみると、二〇〇三年七月から一八年三月までに、心中以外で亡くなった子どもは七七九人（心中による死亡は二〇〇四年一月から五二七人）に上る。

「子どもが虐待で死ぬときは、子どもも親もが社会から見捨てられている。そこで子どもは頼る人もなく過酷な生活に耐えて、力尽きて孤独に命を閉じる」。これはイギリスで出版された[※2]『子どもが虐待で死ぬとき』の監訳者である小林美智子氏（小児科医）が、監訳者まえがきに書いている言葉である。

[※3]日本小児科学会の報告によれば、実際の虐待死数は現在の統計の三倍、四倍程度あり、虐待によって亡くなったにも関わらず病死や事故死、不詳の死とされていたという。諸

外国ではすでに取り入れられているCDR（チャイルドデスレビュー、子どもの死亡登録・検証制度）のような、死因を究明しその後の予防に生かす制度の導入も待たれる。誤って虐待死と判断するような事態を避けていく手立てにもなるだろう。

そして、虐待死が起こった家庭ひとつひとつの状況を調べ、何が起こったのかを知り、どう助ければよかったのか、何を改善するべきかを考え、それを積み重ねて、現実の対応に活《い》かせるようになることが大事だ。

忘れてはならないのは、虐待死事例の向こうには、命を落とすことなく日々を過ごしている子どもたちが多数いることだ。まさに、死の淵《ふち》を覗《のぞ》く経験をしながら生き延びたケースもある。児童相談所は、家庭で養育することが難しいなどと判断した場合、子どもを児童福祉施設への入所措置や里親委託する。※4一三年に厚生労働省が行った調査によると、児童養護施設で暮らしていた子どもの数は二万九九七九人で、その六割に虐待を受けた経験があった。里親、情緒障害児短期治療施設（現在は児童心理治療施設）、児童自立支援施設、乳児院、母子生活支援施設、ファミリーホーム、自立援助ホームでも、全体の三割から七割程度にもなる。

厚生労働省が一九九〇年から発表している「※5児童相談所での児童虐待相談対応件数」は、相変わらず右肩上がりに増加している。数字を挙げれば、一六年度一二万二五七五件、一七年度一三万三七七八件、一八年度には一五万九八五〇件（速報値）となる。法制度が整いつつあり、通告の義務や通報先の周知などもあり、発見される事例が増えているのか、実際に子ども虐待の発生が増えているのかなどについては、研究者により見解が異なっているようだが、注目すべきは、この九割強[※6]が在宅支援となっていることだ。

傷ついた子どもたちひとりひとりの状況を判断して、必要であれば一対一で関わり、治療や自立支援などを行える仕組みは整っているだろうか。この本に登場する「舞」は、自分ひとりを揺るぎなく見つめてくれる人たちと出会い、それを支えに再び歩き出すことができた。だが、こうした出会いに恵まれない子どももいる。目指すのは、子どもが未来に希望を持って生きていけるようになることだと思う。

また、子育てに悩む親や養育者への支援体制をいかに多彩に社会が用意できるか、困ったときにSOSを出せる場所や手段を設けて、現実の支援につなげることができるかも問われている。

この本で描いたテーマは、古くて新しく、現在進行形の努力を私たちに求めている。

本書は、二〇〇七年七月に大和書房から単行本として出版され、それから一二年を経て、集英社より文庫化された。新たな読者と出会う機会を作ってくださった文庫編集部の半澤雅弘さんに、心からお礼申し上げたい。

なお本書には加筆修正をしていない。内容は〇七年の出版当時のものであり、現在の施設や活動などとは異なる部分があることをお断りしておきたい。

二〇一九年八月

椎名篤子

※1「子ども虐待による死亡事例等の検証結果等について」厚生労働省　社会保障審議会児童部会児童虐待等要保護事例の検証に関する専門委員会　第15次報告　二〇一九年八月
※2『子どもが虐待で死ぬとき―虐待死亡事例の分析―』ピーター・レイダー、シルヴィア・ダンカン著　小林美智子　西澤哲監訳　明石書店　二〇〇五年
※3「パイロット4地域における、2011年の小児死亡登録検証報告―検証から見えてきた、本邦における小児死亡の死因究明における課題」日本小児科学会雑誌　一二〇巻三号・二〇一六年
※4「児童養護施設入所児童等調査結果」厚生労働省雇用均等・児童家庭局　二〇一五年一月
※5「児童相談所での児童虐待相談対応件数」全国児童福祉主管課長・児童相談所長会議資料　二〇一九年八月
※6「児童家庭福祉の動向と課題」平成30年度児童相談所所長研修〈前期〉厚生労働省子ども家庭局家庭福祉課虐待防止対策推進室　二〇一八年四月一七日

参考資料

『広島修道院百年史』広島修道院百年史編集委員会編　一九八九年
「乳児院入所児童の愛着関係再形成のプロセスについて」主任研究者鈴木祐子　二〇〇一年度児童環境づくり等総合調査研究事業（子ども家庭総合研究事業）
「子どもの精神保健行政について―三重県の場合で考える―」清水將之、西田寿美「児童青年精神医学とその近接領域」三八（三）二六九〜二七五頁　一九九七年六月
「三重県立小児心療センターあすなろ学園将来構想最終報告」みえ子ども精神保健検討委員会　一九九八年一一月
『あすなろ学園における被虐待児入院治療』三重県立小児心療センターあすなろ学園　二〇〇〇年
「福祉に関する委員会セミナー『児童虐待の治療と現状』児童虐待の精神医療をめぐる問題と課題」西田寿美「児童青年精神医学とその近接領域」四四（二）一六七〜一六九頁　二〇〇三年四月
「被虐待児の精神科入院治療をめぐる諸問題と課題に関する研究」主任研究者本間博彰　二〇〇三年度厚生労働科学研究費補助金（子ども家庭総合研究事業）児童虐待に対する治療的介入と児童相談所のあり方に関する研究　分担研究報告書　七九〜一三四頁
『あすなろの20年　三重県立小児心療センターあすなろ学園20年史』三重県立小児心療セ

ンターあすなろ学園　二〇〇五年
『あすなろ学園における被虐待児の入院治療ハンドブック　改訂版』三重県立小児心療センターあすなろ学園　二〇〇六年
「母親と子どもの心の健康ワークショップ21報告書」宮城県保健福祉部　二〇〇二年三月
「子どもの人権と虐待を考える講演会」子どもの被害と心の傷のケアを考える研修会　開催報告書　宮城県　二〇〇二年
「乳幼児期の虐待防止および育児不安の母親に対する治療的介入と機関支援のあり方に関する研究（Ｐａｒｔ１）」分担研究者本間博彰　二〇〇一年度厚生労働科学研究費補助金（子ども家庭総合研究事業）　乳幼児期の虐待防止および育児不安の母親の支援を目的とした母子保健に関する研究　分担研究報告書　三一〇〜三二八頁
「市町村母子保健事業（児童虐待予防対策）実態調査報告書」宮城県子ども総合センター　二〇〇四年
「自己記入式質問紙を活用した産後うつ病の母子訪問地域支援プログラムの検討—周産期精神医学の乳幼児虐待発生予防への寄与—」山下洋、吉田敬子「子どもの虐待とネグレクト」第六巻二号　二一八〜二三一頁　二〇〇四年八月
「産後うつ病スクリーニング票を虐待防止にどう生かすか　分科会報告」鈴宮寛子他「子どもの虐待とネグレクト」第七巻一号　五七〜六五頁　二〇〇五年四月
「虐待をした親支援マニュアルおよびビデオ開発事業　報告書」二〇〇三年度　独立行政法人福祉医療機構　子育て支援基金「特別分」助成事業　社会福祉法人神戸少年の町

「虐待をする親への親支援専門職講座の開催および調査事業　報告書」二〇〇四年度　日本財団助成事業　社会福祉法人神戸少年の町
「被虐待児の保護者支援ビデオ教材日本版の作成及び専門講座の開催事業　報告書」二〇〇五年度　日本財団助成事業　社会福祉法人神戸少年の町
「被虐待児の保護者支援教材普及版の開発および評価事業　報告書」二〇〇六年度　日本財団助成事業　社会福祉法人神戸少年の町
『親の目・子の目　子どもは親はいらない。父親・母親が欲しい。』レイ・バーク、ロン・ハロン（野口啓示、ジョンウォン・リー訳）トムソンラーニング　二〇〇二年
Evaluation of an air force child physical abuse prevention project using the reliable change index, *Journal of Child and Family Studies*, 6(4), 421-434, Thompson, R. W., Ruma, P. R., Brewster, A. L., Besetsney, L. K. & Burke, R. V. (1997).
「第四回　今後目指すべき児童の社会的養護体制に関する構想検討会提出資料」※10小規模グループケアの実態　二〇〇七年三月　全国乳児福祉協議会

本書は、二〇〇七年七月、書き下ろし単行本
として大和書房より刊行されました。

図版作成／クリエイション・ハウス

集英社文庫　目録（日本文学）

集英社文庫　目録（日本文学）

集英社文庫　目録（日本文学）

集英社文庫　目録（日本文学）

集英社文庫　目録（日本文学）

集英社文庫　目録（日本文学）

高嶋哲夫　原発クライシス
高嶋哲夫　東京大洪水
高嶋哲夫　震災キャラバン
高嶋哲夫　いじめへの反旗
高嶋哲夫　交錯捜査　沖縄コンフィデンシャル
高嶋哲夫　ブルードラゴン　沖縄コンフィデンシャル
高嶋哲夫　富士山噴火
高嶋哲夫　楽園の涙　沖縄コンフィデンシャル
高嶋哲夫　レキオスの生きる道　沖縄コンフィデンシャル
高杉良　管理職降格
高杉良　小説　会社再建
高杉良　欲望産業(上)(下)
高野秀行　幻獣ムベンベを追え
高野秀行　巨流アマゾンを遡《さかのぼ》れ
高野秀行　ワセダ三畳青春記
高野秀行　怪しいシンドバッド

高野秀行　異国トーキョー漂流記
高野秀行　ミャンマーの柳生一族
高野秀行　アヘン王国潜入記
高野秀行　怪魚ウモッカ格闘記　インドへの道
高野秀行　神に頼って走れ！　自転車爆走日本南下旅日記
高野秀行　アジア新聞屋台村
高野秀行　腰痛探検家
高野秀行　辺境中毒！
高野秀行　世にも奇妙なマラソン大会
高野秀行　またやぶけの夕焼け
高野秀行　未来国家ブータン
高野秀行　謎の独立国家ソマリランド　そして海賊国家プントランドと戦国南部ソマリア
高野秀行　恋するソマリア
高野秀行・清水克行　世界の辺境とハードボイルド室町時代
高橋一清　編集者魂　私の出会った芥川賞・直木賞作家たち
高橋克彦　完四郎広目手控

高橋克彦　天狗殺し　完四郎広目手控II
高橋克彦　いじん幽霊　完四郎広目手控III
高橋克彦　文明怪化　完四郎広目手控IV
高橋克彦　不惑剣　完四郎広目手控V
高橋源一郎　ミヤザワケンジ・グレーテストヒッツ
高橋源一郎　競馬漂流記　では、また、世界のどこかの観客席で
高橋源一郎　銀河鉄道の彼方に
高橋千劔破　江戸の旅人　大名から逃亡者まで30人の旅
高橋三千綱　和三郎江戸修行　脱藩
髙橋安幸　根本陸夫伝　プロ野球のすべてを知っていた男
高見澤たか子　「終の住みか」のつくり方
高村光太郎　レモン哀歌―高村光太郎詩集
瀧羽麻子　ハローサヨコ、きみの技術に敬服するよ
竹内真　粗《そ》忽《こつ》拳《けん》銃《じゅう》
竹内真　カレーライフ
武内涼　はぐれ馬借

集英社文庫

「愛《あい》されたい」を拒絶《きょぜつ》される子《こ》どもたち 虐待《ぎゃくたい》ケアへの挑戦《ちょうせん》

2019年8月30日 第1刷　　定価はカバーに表示してあります。

著　者　椎名篤子《しいなあつこ》
発行者　徳永　真
発行所　株式会社 集英社
東京都千代田区一ツ橋2-5-10　〒101-8050
電話　【編集部】03-3230-6095
　　　【読者係】03-3230-6080
　　　【販売部】03-3230-6393(書店専用)
印　刷　凸版印刷株式会社
製　本　凸版印刷株式会社

フォーマットデザイン　アリヤマデザインストア　　マークデザイン　居山浩二

ISBN978-4-08-744013-3 C0195